U0368800

能力突围：
职场加速成长的底层逻辑和方法

赵晓璃　著

机械工业出版社
CHINA MACHINE PRESS

本书在结合了真实的典型咨询案例的基础上，提炼出一些实用的工具和方法，并结合案例进行剖析，旨在提供一套针对职场的行之有效的思考及分析体系，帮助你在关键时刻做出明智决策，从而少走弯路。

本书适合职场新人以及在职场中遇到瓶颈的人士阅读。

图书在版编目（CIP）数据

能力突围：职场加速成长的底层逻辑和方法 / 赵晓璃著 . —北京：机械工业出版社，2021.1

ISBN 978-7-111-67296-8

Ⅰ.①能…　Ⅱ.①赵…　Ⅲ.①职业选择－通俗读物　Ⅳ.①C913.2-49

中国版本图书馆 CIP 数据核字（2021）第 014806 号

机械工业出版社（北京市百万庄大街 22 号　邮政编码 100037）
策划编辑：梁一鹏　　　　责任编辑：梁一鹏
责任校对：黄兴伟　肖　琳　封面设计：吕凤英
责任印制：邰　敏
北京圣夫亚美印刷有限公司印刷
2021 年 2 月第 1 版第 1 次印刷
145mm×210mm · 6.75 印张 · 135 千字
标准书号：ISBN 978-7-111-67296-8
定价：65.00 元

电话服务　　　　　　　网络服务
客服电话：010-88361066　机 工 官 网：www.cmpbook.com
　　　　　010-88379833　机 工 官 博：weibo.com/cmp1952
　　　　　010-68326294　金 书 网：www.golden-book.com
封底无防伪标均为盗版　机工教育服务网：www.cmpedu.com

自　序

之所以构思这样一本书，是因为我本人在这些年从事职业生涯规划实战的过程中，渐渐发现了一个事实，那就是，很多朋友在职场中感受到困顿、迷茫、焦灼等各种负面情绪，源于他们无法很好地适应当前的职业，更谈不上提升和发展了。

不论是我经手的职业咨询案例的咨询者，还是线下训练营辅导过的学员，很多人也想过上自己想要的生活。他们和绝大多数人一样，希望通过工作获得一份收入，当然不仅仅是收入，更希望能获得想要的成长，最好还能给自己带来成就感。

这一切无可厚非。

市面上很多职场书籍，绝大多数都在谈"跃迁"，但是很少有针对普通职场人的，关于能力提升策略这种相对有独特见解的书籍。

当然，我从自己这些年的咨询实践中摸索出来一些好用的工具和模型，不敢说一定能药到病除，但至少从咨询实践和训练营中发现，很多朋友还是给予了热烈且积极的反馈。这让我有了一定的信心，在此整理成书，帮助更多有缘的朋友。

我深知，自己的精力和时间有限，一对一咨询也好，线下职业成长训练营也罢，辐射和影响的范围毕竟有限，但是书籍是可以跨越时空的。也有不少人在公众号后台给我留言："晓璃老师，就是因为你的某本书，我按照书中的方法找到了自己的困境所在，并且渐渐走了出来，打开了新的天地。"

这是我写书的初衷。

有人问我，你如此痴迷于职业规划究竟是为了什么？职业规划真的有效吗？

我只能告诉他，在如今瞬息万变的职业环境中，不敢说职业规划是一剂万能药（事实上，没有任何专家敢承诺"包治百病"），但是经过这些年千千万万同行们的辛勤耕耘和付出，职业规划早已被无数的事实印证了，它具备科学系统的体系和方法，其内容之浩瀚深远，值得我们这些规划师们终身去践行。

能够荣幸撰写这本书，也和众多前辈及同行的耕耘密不可分。读者阅读完这本书后，倘若能对他的困境有一定的帮助，我会倍感开心和愉悦。

另外还需要说明的是，文中所有的案例故事都经过了文学加工与处理，且遵循保密原则，隐去了咨询者的隐私部分。希望大家在阅读这些案例故事的时候，重点要放在相关思路和方法的学习上。读者如果能学会这些思路和方法，将它们运用到自己的实际工作中，未来在遇到问题的时候能够进行自我分析、梳理及决策，对我而言，更是一种莫大的喜悦和回馈了。

赵晓璃

2020 年 1 月 1 日

目　录

引言

什么是系统的职业规划

先说个故事。

咨询者小林是一个 26 岁的姑娘，毕业三四年了，但是职场之路一直都不顺畅。

她生性活泼，一直都很喜欢英语，口语流畅，大学期间，经常在课余用英语主持各种活动和面试。

两年前，她从某知名 211 大学英语专业研究生毕业，去了一家世界 500 强的外企做人力资源实习生，三个月后，由于表现出色被经理推荐去了另一个部门做助理。

在随后将近两年的时间里，她认为自己得到了很多锻炼，能力上也有了很大提升。

然而，从事部门助理工作后必然会遇到繁琐的行程安排、各种火烧眉毛的突发事件、时常没日没夜的加班。她开始怀疑自己当初的选择，内心对于外企安逸舒适的美好想象早已消失无踪，而想要过上压力没那么大的有规律生活的渴望一日日强烈起来。

正好去年男友工作变动，她就索性辞职了，跟男友一起回到了一个三线城市。摆脱了高强度的工作以后，她本以为终于可以过上理想中的慢生活了。然而现实并非如她想象中美好：由于这个三线城市外企很少，适合她的工作机会就更少了；当年在大城市里随处可见的高大上的外企工作，现在一下子没有了踪影。她有些慌神了。

她也曾不断自问："我不喜欢压力那么大的工作，但我现在却很怀念那种快节奏、高效率工作带给我的充实感和成就感，我到底该何去何从呢？"

　　无奈之下，她只得屈就，随便找了一份小学英语老师的工作。

　　她本以为自己会喜欢小朋友的天真可爱，可没想到真的拿着课本、粉笔走进教室，看着叽叽喳喳的小学生时，她好好和他们说不行，嗓门大了又显得太凶，再加上一到岗就接手了四个班的教学任务，每天看着那么多孩子的眼睛和脸庞在眼前晃来晃去，她感觉自己都要晕眩了。除了上课，她还得做行政杂务，每天各种忙乱，经常跑得脚不沾地。

　　如此辛苦操劳，收入却并不理想，小林思来想去，硬挺着熬了不到半年就主动离职了。

　　第三份工作，她选择了本地一家外企（A公司）的总经理助理职位，入职一个多月，在工作方面又陷入了困境，每天工作感觉很痛苦，内心也比较消极。

　　后来通过朋友介绍，她拿到了一个录用通知，是一家线下培训创业公司（B公司）的英语教研老师（也会上课）。她可以发挥自己的英语优势深入钻研，还能同外教进行频繁的工作沟通，且工作时间相对规律。

　　第一个问题：你认为小林毕业三四年频繁跳槽的根源出在哪里？

　　第二个问题：为什么每次工作，小林总是在开始时满怀期待，做着做着慢慢就开始焦虑甚至厌恶起来？

　　第三个问题：小林到底是寻找一份喜欢的工作，还是寻找一份高薪却不那么喜欢的工作？

　　事实上，小林并不是某一个人，而是一类人，也有可能就是你和我。

想想看，你的职业轨迹是不是这样的：

你在高考填报志愿的时候，对于未来的职业规划一无所知。你可能听从了父母及家人的建议，报考了一个在当时看来较为"热门"的专业。

毕业之后的你运气似乎不错，找到了一份看似比较不错的工作。你兢兢业业积极表现，好不容易获得了想要的职位，紧接着你将迎来意想不到的压力和困境，以及之前想象不到的麻烦。

厌倦了 A，于是你就开始试图寻找 A 的反面。

当你找了 B，看似不存在 A 的问题，万万没想到的是，B 的反面更藏着你看不到的其他问题。

怎么办？

顺着 B 的反面找吗？

……

如此循环往复，你无非从一个坑跳到了另外一个坑，每到一处总是浅尝辄止，永远像那个四处打井的挖井人，每次都会抱怨说："这里没有水。"

然而你不曾知道的是，你渴望的甘泉，可能就差那么一点点。

如何才能找到适合自己的职业？

如何增强自己定性，潜下心来熬过最难熬的适应期，渐渐成长为这个行业的高手？

这些问题的解决，取决于这两方面的认知：决策之难，根本在于取舍二字；在这个世界，没有任何人是完美的，同样地，也没有任何一份工作是完美的。

这个时候，你该怎么选？

大多时候，我们既想从事喜欢的工作，又想要高薪。当这两者不可兼得时，我们就会痛苦纠结，甚至因为无法及时果断做出选择而止步不前。

有时想想，这种纠结的背后，是不是可能隐藏着我们不足为外人道的一颗心——贪心。

我们总是在种种欲望的撕扯中六神无主，惶惶不可终日。没有了心安宁静，也就没有了幸福喜乐。

该如何挖掘出你我内心深处最核心的诉求？

唯有找到稳固的价值观，自我认知才算迈出了宝贵的第一步。

我们之所以徘徊不前，很可能源于内心的冲突。

到底是做一份虽然不喜欢但是能带来我们渴望的价值（如高薪）的工作呢，还是做一份尽管喜欢但无法带给我们渴望的价值（如高薪）的工作呢？

在我看来，这个冲突的背后，其实是喜欢背后的价值与不喜欢背后的损失之间的权衡比较。

对于工作而言，喜欢本身就是价值。喜欢一份工作，我们会更愿意投入，心情更加愉快，身体更加健康，精神更加专注，也更加愿意克服工作道路上的艰难险阻，也就更容易获得成长乃至成功。

再看不喜欢意味着什么。被迫选择一份不喜欢的工作时，我们的内心是抗拒的，头脑是迟滞的，逃避上班，没有动力，工作起来没有快乐，久而久之心情低落甚至抑郁，影响身体健康，整个人成长停滞，一方面恨自己没有勇气重新选择，一方面越来越失去了改变的决心和力量，最后只好不断安慰自己要接受生活的现实。看到这里，不知你有没有感到一种无力言说的悲哀？

如果你已经在做着一份根本不喜欢的工作，该怎么办呢？难道一定要辞职吗？

在我看来，完全可以按照以下三个思路寻求突破：

上策是逆转之计。问问自己，有没有可能将现在看起来不喜欢的工作变成喜欢的，哪怕只是从其中一个环节开始。如此一来，如果工作既为自己所喜欢又有高薪，还能提升能力，获得成就感，岂不是一举多得的美事吗？

中策是移位之计。在公司内部申请调整岗位，前提是公司平台还可以，有足够多的岗位供你选择。

下策是滋补之计。视本职工作为一份普通工作，不对其抱太高希望。你既然无法从工作本身获得兴趣，那就在业余时间里发展自己的兴趣爱好，甚至休闲娱乐也可以，关键是找到一种形式来滋补那颗受无趣的工作折磨的心灵。

当然，到了迫不得已的时候，或者有一份更感兴趣的工作在向你招手时，也可以果断地离职，辞旧迎新，转换公司甚至行业轨道。尽管这么做有太多不确定因素，我们也从不鼓励大家贸然转换，但毕竟有人成功换到了自己喜欢的领域中，还是值得尝试的。

如果已经做着一份喜欢的也能够胜任的工作，但薪酬并不理想，那么该怎么办？

其实思路还是有的，比如：有没有可能先沉下心来，扎实发展，在将来以更强的能力和更广阔的发展视野，捕捉到更高薪的职位机会。

从1~4点来看，喜欢很大程度上源于你愿意做且能做得不错，和能力有着密切的关系；即便现在没那么喜欢的工作，有可能通过能力提升获得成就感，渐渐变成了喜欢的工作；如果真的发现这份工作无法滋养自己，有意识地进行轨道切换也是可以尝试的。

但这一切，都要建立在对自我及外在环境充分且客观的了解和认知之上的。

所以，职业规划是一套自成逻辑和体系的方法论。一个人的职业发展，必然需要提前规划。尽管我们和职业的关系是动态匹配的（双方都在改变），但是其中的原理和共性特征是我们可以把握的，也可以给我们提供宝贵的职业决策依据。

本书将从一张图开始（如图0-1所示），带你层层剖析自我与环境，帮你早日找到属于自己的职业发展路径。

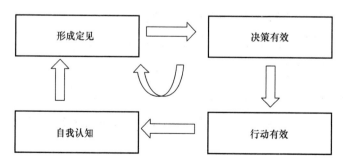

图　0-1

从这张图不难看出，为什么有的人职业发展较为顺利。

自我认知是关键的一环，唯有具备了客观的自我认知，方能形成定见，也就是知道自己的能力界限，知道自己看重什么，愿意往哪些方向发展，从而找到适合自己发展的环境，做出有效的职业决策，包括选择什么样的职业和公司，发展到一定阶段要不要跳槽，以及跳槽后往哪里发展，等等。

由于每一步都有着较为客观的依据，所以决策往往是有效的，做出的行动才能真正落到实处。

想想看，职业发展不顺的人往往卡在哪里呢？

从表象上看，很多人往往行动不力，表现在该沉淀的时候选择了跳槽，该跳槽的时候选择不动，于是事业节节落败。就像前面小林那样，做了 A 不喜欢，于是朝 A 的反面找；选了 B，看起来没有 A 的困扰了，没想到新的困扰又来了。

不过值得庆幸的是，小林通过我们的系统咨询，渐渐明确了自己的发展方向。

而职场中千千万万的小林们呢？

行动无效的背后，就是决策失效。

决策失效的背后，是因为没有形成定见，比如对自己看重什么、能力界限、特质等一无所知，仅凭一腔热情，很大可能会碰得鼻青脸肿，还有可能从此一蹶不振，对自己失去了信心。

而这一切从根本上来说，就是对于自我缺乏系统而全面的认知。

如果没有这个基础，如何评估外界环境？如果没有这个基础，如何衡量一个岗位？如果没有这个基础，如何寻找和领导同事沟通的方法？

综上所述，一次完整而系统的职业规划，就是帮助你寻找到正确的事，再去制订正确的策略，采用正确的方法，最终达成想要的结果。

而本书，就是顺着上述思路进行铺展和陈述。

第一章

选择:

如何找到正确的事

不论是我经手的职业咨询案例，还是在线下训练营中遇到的学员来看，横亘在绝大多数困惑的职场人心底的问题，就是："我该如何找到适合我的职业方向？或者更通俗来说，我该如何找到正确的事情呢？"

这个问题看似简单，但实则复杂。

复杂之处在于，由于现实世界中的每一份工作都不是完美的，也不可能尽如人意，因此在这个问题上，想清楚自己想要什么，无疑是至关重要的一步。

但问题在于，多数职业困惑的人往往不清楚自己到底想要什么。这里面的原因大约如下：

从来不曾习得独立思考的能力。遭遇职业困惑的人群中，从小到大听话、顺从、依赖性较强的不在少数，这些人出于种种原因，都没能学会一样重要的能力，叫作"独立思考"。

随波逐流，什么专业好就业学什么。很多迷茫的职场人都有一个共同特点，那就是，在高考填报志愿的时候，父母或老师会根据当时的就业情况，让他们填报某个专业。比如，曾几何时，能去银行工作是一件特别光荣的事情，于是金融会计类专业比较热门，很多女生的父母都会建议自己的女儿往经济类、财务类专业上发展。

不愿意面对残酷的现实，情愿活在自己理想的世界里。从过往咨询案例来看，有些人想要的东西太多，甚至有的相互冲突。在这种情况下，就需要当事人进行慎重的思考与取舍。但这个时候，不是所有人都愿意直面真相的，有人情愿放弃这一步思考，继续纠结犹疑，也不肯面对现实，做出选择。

第一节　寻找你的职业诉求

在这个环节，我们重点梳理的是职业价值与诉求，即你在寻找一份职业的时候，到底什么才是你最看重的。

这个过程最有价值的地方在于，通过系统的梳理，发现真正的价值观，也就是你最看重什么。

如果你发现你想要的价值有相互冲突的部分，你需要做的是调整自己的期待，尽量考虑得更加实际客观些，走出自我臆想的主观世界，也就是俗话说的"认清现实"。

如果你发现了自己最看重的价值，那么你就需要进行取舍，你自然会明白，想要获取你最看重的价值，大约需要付出怎样的代价，以及你是否能够承受相关的风险等。唯有弄清楚这些问题，你才能在心底认定并明确自己的努力方向，才能不纠结不迷惑，且辅助有效的行动来实施，这就是俗话说的"奋力前进"。

那么，我们该如何进行系统的梳理和分析，发现自己真正想要的价值，认清自己的诉求呢？

1. 工具

这里给大家介绍一个好用的工具，这是我在生涯咨询实践中，结合生涯构建相关理论，总结出的个人认为较为简单而实用的方法，仅供大家参考。

我把这个工具称作"九宫格"。

要知道，职业生涯规划说到底和我们的生活方式密切相关，放在人生格局来看，职业作为人生的重要组成部分，是不可能脱离我们的生活进行分析的。我们不能单从职业维度考虑问题本身，更要从宏观的角度重新看待我们的职业诉求。

"价值观九宫格"的格式如图 1-1 所示。

生活/家庭	工作/事业	健康/娱乐
期待1	期待1	期待1
期待2	期待2	期待2
期待3	期待3	期待3

图 1-1

表格相关说明如下：

我们在考虑职业诉求的时候，要结合家庭（没有家庭的，考虑生活维度）、健康或娱乐维度综合考量。职业价值诉求会随着时间而改变，因此，这个价值诉求只考虑眼前 1~3 年的诉求。

对于你当前的生活／家庭维度，你最期待的是什么，按照顺序写出你认为最重要的 3 个期待。以此类推，写出你认为较为重要的针对工作／事业，以及对健康／娱乐方面的 3 个最重要期待。

看看这 9 个期待中，有没有相互冲突的，如果有，就需要进一步挖掘，分析其中的原因再进行取舍；如果没有，找到这 9 个之间的关联性，看看哪个才是你最为看重的——而这个，就是你的核心价值观（也叫职业核心诉求）。

2. 案例

咨询者王姐是一名街道的办事员，她之前的工作经历较为坎坷，后来也是费了很大的劲才考到了街道，工作总算有了一个安稳的局面。工作久了，她开始有一种厌倦感，同时伴随着一丝隐隐的担忧，毕竟，那则"我 36 岁了，除了收费什么都不会"的新闻历历在目，眼看自己也老大不小了，王姐也想离开街道，但问题是，她实在不知道，偌大的世界，到底什么样的工作才是适合自己的。

想要揭开这个谜团，就要从职业核心的诉求着手。

王姐给到的 9 个期待是这样的：

生活 / 家庭：能够照顾好家人的起居，能够多陪伴多关注孩子，最好能定期组织家庭旅游等。

工作 / 事业：希望能收获成就感，同时比较安稳，又希望收入不菲。

健康 / 娱乐：不希望加班，工作有双休，保险福利齐全等。

在王姐选出的这些诉求里，有没有相互冲突的？

我们如果仔细分析，就会发现，安稳、舒适（双休，没有加班等）和收入或存在冲突。

　　所谓安全感，指的是不论个人能力如何，这份工作都不会因为市场环境、领导喜恶或者人际关系等因素受到威胁。因此在现实中，能够匹配安全感的典型职业是公务员这种体制内的工作。

　　通常来说，安稳的工作往往意味着压力或风险较低，而收入往往和压力、风险成正比，换句话说，如果一个人贪图安稳，未来你可能会面临收入不高的局面。

　　当发现这组冲突的时候，王姐渐渐明白了，为什么这些年自己一方面抱怨工作不满意，另一方面却迟迟无法走出。

　　面对这个冲突，王姐到底该如何是好呢？

　　通过进一步挖掘得知，这和王姐成长的家庭背景不无关联：王姐父亲是做生意的，她从小到大更是经历了父亲做生意的大起大落，在她幼小的心中，这种动荡不安的生活是她不想面对的。这就是在兜兜转转一圈后，她依然考到了街道，获得了编制的深层原因所在。

　　厘清这一关键点之后，王姐渐渐释怀了很多。

　　这个时候，我们再来解决一个问题：如果安稳舒适和薪资收入在某个阶段无法兼得，你最舍弃不下的是什么？

　　王姐的答案依然是安稳舒适。

　　由此可知，接下来需要解决的问题就变成了，如何在不离开本职岗位的前提下，最大化地满足成就感等其他需求。

　　渐渐地，在我们的启发和引导下，王姐的答案出来了。

　　原来，在王姐从事的街道工作中，其实还有很多值得挖掘的工作内容，比如，她可以通过学习或培训考取婚姻家庭指导师的资格证，将知识用到工作中，就能够比较顺利地处理那些家庭纠纷了。如果家庭纠纷能够妥善处理，王姐的成就感无疑就会得以满足。而一旦解决人际纠纷的能力提升了上来，王姐自然就不会害怕复杂的人际关系了。而随着她能够妥善解决家长里短的纷争和矛盾，她的影响力渐渐就能提升上来，至少在小圈子内，会享有一定的声望和地位。

3. 总结

谁说，眼下的工作不满意就一定要离职呢？

厘清自己的核心职业诉求，抽丝剥茧，你才能找到问题的根源和行之有效的解决方法。

所以，如果你对当前的职业不满意，首先要做的，就是通过九宫格工具系统排查下自己的职业诉求，看看是否存在矛盾或冲突。这样，你或许就能找到真正的答案了。

第二节 分析你的内心冲突

"老师，我也知道自己要改变，可不知为何，就是感觉没有动力。"很多来访者向我倾诉道。

我们在理论上都知道要改变，但问题在于，为何有人嘴上提到"改变"，身体却很不配合，故而一直止步不前呢？

不得不说，这是一件着实可惜的事情。

事实上，如果你发现自己行动力差，有可能是因为你内心缺乏安全感。外界的一丝风吹草动就足以让你乱了阵脚，耗费了大量的心力，如此，又如何能有能量辅助行动呢？

那么，该如何才能改变这种无力的现状呢？

1. 工具

在介绍这个工具之前，需要澄清一点：很多时候，当你发现做事受阻时，往往不是你的能力出现了问题，而是你的认知出现了问题。

在认知行为中，一件事情对我们每个人之所以产生不同的影响，其实和事情本身关系不是很大，而是每个人对这件事情的认知不同。

最常见的例子就是，你是如何看待批评这件事情的。

在安全感较为充足的人看来，受人批评是一件正常不过的事情了，它无非是在提醒自己，是不是哪里没有做好。在他们看来，这是一个积极信号，表明在这件事情中，他们还有进步空间。

但是在安全感不足的人看来，这件事情就足以让他们寝食难安了。他们会辗转反侧，脑海中会脑补一系列问题：为什么领导今天会批评我？是不是被小人告状了？还是领导一直对我不爽，早就想把我"干掉"了？这些话语到底是什么意思？是逼我辞职吗？还是整个公司从上到下，大家对我都不看好？

你会发现，同样被领导批评，安全感充足的员工会用积极的态度看待它，并找出不足予以改进，最终越来越好。

而安全感不足的员工会把它视为对自己的否定，用较为消极的态度看待它，最终越来越自卑，从而陷入自我否定的怪圈。

如此一来，后者又怎么会有行动力呢？

行为日记就是用来调整我们在遇到事情的时候的认知的。很多时候，事情本身没有变，如果你的认知变了，你的行为就会产生奇妙的变化。

行为日记的大概内容和格式见表 1-1。

表 1-1

记录者：

时间	情境	自动思维	自动思维下的行动	行为结果	替代思维	替代思维下的行动	行为结果

那么，这个日记到底怎么用呢？

举个例子来说。

小 A 在咨询之前，一直为自己的"情绪不稳定"忧心忡忡，她觉得自己的情绪管理出了问题。

这不，前不久有个离职的同事 B 问起小 A 最近的工作状况，然后说了句："我现在的这家公司还不错哦，如果你感兴趣，也可以到我这边的公司来。"

小 A 为此思考了好几天，一直想不通 B 说这句话到底是什么意思。

原来，小 A 在心底隐隐觉得，自己工作表现可能不是很好，所以领导和同事可能对自己有所不满又不好明说，故意让小 B 试探自己的口风，或者说他们想劝退自己。

由这件小事我们不难得知，小 A 平时正是被这些事情搅得心神不宁：越怕工作不好，越在意他人评价；越在意他人评价，就越被外界情境影响；稍微有点风吹草动，内心戏十足……如此，她如何能全身心投入，专注于工作本身呢？

我和小 A 介绍了这个行为日记，就以这件事为例进行分解。

情境：B 打听我的近况，并说如果我愿意，可以去她所在的公司。

自动思维：这里面一定有猫腻，莫非是公司要赶我走，或者故意让 B 打探我的口风？

这里面，小 A 有个核心信念：我很糟糕，所以大家不看好我。由此，她才会产生一系列的脑补和自卑情绪。

自动思维下的结果：寝食难安，做事无法集中，影响工作效率。

这个时候，如果小 A 能够意识到是自己的自动思维作祟，能够换成以下思维方式。

替代思维：B 告知我这件事情的动机目前不好确定，但不论如何，是否离开这家公司，以及要不要去他们那里，完全在于我自己的选择。

如果小 A 能够这样想，那么就会大不一样了。

替代思维下的行为：专注于眼前的工作，努力提升能力，如果感兴趣，也可以搜集关于 B 所在的公司招聘信息，分析下是否是自己想要的工作。

替代思维下的行为结果：不影响当前的工作效率，同时也能保持对外界机会的敏感度。

行文至此，你是否找到了自己无法行动的更为深层的原因呢？在这个原因里，你是否有核心信念？这个核心信念是如何影响你的行为及结果的呢？不妨自己分析试试看哦。

2. 案例

"老师，我性格内向，所以我希望你帮我分析下，我到底适合什么职业。"

一次，来访者小丁满脸困惑地找到了我。在和小丁的沟通过程中，我发现小丁并未如他所言那般"内向"。第一次咨询结束后，我把行为日记的作业布置给了小丁，让他记录工作中遇到的事情，看看是否正如他所说的那样。不到一个月的时间，小丁完成了一部分内容。

情境：今天又给客户打电话了，一共打了 10 个，全部遭到拒绝。

自动思维：感觉糟糕极了，自己肯定不适合这个工作。

自动思维下的行为：害怕打电话，觉得越打电话，越证明自己的无能。

行为结果：打电话时紧张，语无伦次，声音发颤，导致客户接听后更想挂电话了，工作陷入"恶性循环"。

在第二次咨询中，我带领小丁进行了认知调整，完成了行为日记的后半部分。

替代思维：打电话被拒绝，是销售中极为正常的现象，有可能是客户没有意向，也有可能有点意向但时机不对。

替代思维下的行为：拨打电话时，不妨问下对方现在是否方便，如果对方回答不方便，再约时间；如果对方回答方便，再进行介绍，再分析对方的意向程度。

行为结果：打电话的时候明显放松了很多，再也不会把客户拒绝当作是对自己的否定了，而是思考这里面自己还可以做哪些改进。

值得欣慰的是，小丁持续记录了行为日记三个月之后，和我们反馈说，他最终成交了一单，自信心大为提升，尝到甜头的他干劲十足，打算再接再厉，再把业绩做得好一些。

3. 总结

让我们来总结下本小节的重点内容。

在很多时候，当你感觉做事缺乏动力的时候，很有可能是认知层面出现了问题。这个时候，你不妨检视下自己的思维是否存在一些不合理认知，让你陷入了自我否定的误区从而止步不前。

如果经过审视，发现自己确实存在不合理认知，则可以通过行为日记持续记录一段时间，看能否通过调整认知，让自己更具有行动力。

具体做法：通过具体的事例记录（情境），分析你第一时间脑海中的念头（自动思维），以及在这个思维下，你采取了哪些行动，从而产生了怎样的行为结果。这个时候，能够转念（替代思维），再看看在替代思维下，你可以采取哪些新的行为，看看这些新的行为，又会给你带来怎样的结果。

持续记录一段时间（最好一个月以上），看看能给你带来哪些改变。

第三节 用兴趣牵引你的成长

注意在这里，我特别用了一个词"挖掘"。

因为从我经手的大量职业咨询案例来看，很多迷茫困惑的职场人，在兴趣维度上近乎缺失，与此同时，在他们从小到大的经历中，几乎没有关于兴趣维度的探索和体验。不得不说，这实在是十分可惜的一件事。

细究里面的原因，有较为宏观的教育问题，有较为个性的家庭因素，甚至还有个人的性格因素，等等。

时下有不少流行的言论，说什么"兴趣是个坑，如果什么事都按照自己的兴趣，以后也不见得多么好"，等等。

只能说，这些人对兴趣恐怕存在不少误解。

兴趣真正的价值在于，它未必能成为你的能力，也未必能发展成你的优势，但兴趣是能力或者优势的萌芽。如果你对一件事情没有任何兴趣，也就意味着意愿缺失，而一旦意愿缺失，后面的能力也好优势也罢，更无从谈起。

如果一个人能敏锐地捕捉到兴趣的方向，再进一步发展为自己的能力甚至优势，那么兴趣转变成职业，并不是一件难事。

行文至此，可能有人会说，"一旦把兴趣转成职业，可能意味着痛苦的开始"。

但问题是，做什么事情想要做出点样子来，都需要经历一段痛苦的磨砺。既然做什么事都不容易，何不做个自己感兴趣的事情，好歹也算苦中带甜，不至于那么苦不堪言！

根据专业的解释，兴趣是人认识某种事物或从事某种活动的心理倾向，它是以认识和探索外界事物的需要为基础的，是推动人认识事物、探索真理的重要动机。

所以，对每个渴望成长的人来说，兴趣都是我们不可忽视的重要方向。

那么，问题在于，我们该如何挖掘自己的兴趣，乃至到后面可能变成职业，甚至成为我们的生活手段和方式呢？

1. 工具

下面介绍一个较为好用的工具——兴趣漏斗（如图 1-2 所示）。

（1）消费型兴趣

这一层的兴趣是通过花钱获得的，比如吃喝玩乐。这种兴趣的特点是花钱不赚钱，更多的是感官刺激层面，无法创造价值，更谈不上后面的技能与职业了。

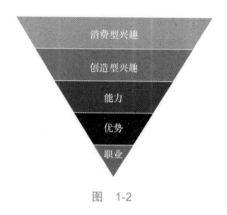

图　1-2

（2）创造型兴趣

这一层的兴趣比之前的要高级了，它指的是你已经开始通过相关的创造，获得了相应的收益。比如，外人的认可与赞赏、偶尔的订单。

（3）能力

达到创造型兴趣层面，想要从精神认可到物质奖励，从赚小钱到赚大钱，离不开能力的提升。比如，你可能还需要再专业一些，甚至还需要带团队，相应的能力都要跟上，不能拖后腿。

（4）优势

在你的能力维度，一定有让你在某方面得心应手、总是能获得好评的能力。如果一项能力让你持续发挥得比较出色，同时又能给你带来精神或物质上的收益，这个时候，就可能是"优势"的信号了。兴趣到达了优势层面，变现就是水到渠成的事情了。

（5）职业

这里的职业不仅仅指的是我们通常意义上的工作，还可以是你的副业甚至你开创的事业：它可以养活你，并且还能给你带来不菲的收入，你能获得成就感，是你一生的追求。这样的状态，或许是很多人内心的梦想吧！

2. 案例

下面和大家分享一个真实的案例故事。

咨询者苏苏在一家国企做会计。按照她的说法，她对会计工作毫无兴趣。当时听从了家人的建议，认为会计专业好就业，况且家里还有些人脉关系，未来还可以帮她推荐一份不错的工作，这就学了会计。

苏苏学会计的感受，可以用一个字"懵"来形容：靠着死记硬背，总算顺利毕业。

等到了毕业那会儿，家人按照之前对她的规划，动用了关系，将她安排进入了一家国企做出纳。

这份职业让苏苏完全感受不到快乐。按照她的说法，她觉得自己活得像一具行尸走肉，毫无生气可言。

类似苏苏这种情况，就可以从兴趣维度入手。

首先，不加评判，审视我们过往所感兴趣的一切事物。通过回忆，苏苏发现自己对美的事物都比较感兴趣，例如：美食、拍照、画画、做手工，等等。

其次，将这些兴趣分类，看看哪些属于消费型，哪些属于创造型。通过审视这些兴趣，苏苏发现，自己在画画和手工方面有些创造型的迹象。比如，她会自己想象构图，也会有些小创意，做出的东西也受到朋友的赞誉，大家夸她心思巧妙。

接下来，分析下自己的能力，看看有哪些可以进行进一步提升和锻炼。苏苏觉得，自己可以参加下手工方面的培训。自己虽然有一些创意，但毕竟没有正规学过。如果能有相关的培训或者学习，利用业余时间进修下，让自己更专业，不失为一种好事儿。

咨询结束之后，苏苏开始打听手工制作相关的课程和培训信息。最终经过筛选，她选定了一个项目，跟着一位老师进行学习。学好之后，苏苏就开始进行变现的尝试。

她自己在某视频平台上注册了一个账号，将自己制作手工的过程做成了视频上传分享。渐渐地，经过了半年多时间，她引发了几百人的关注。更神奇的是，就在这几百人的关注者中，就有几个人给她私信留言，问是否可以购买她的手工作品。

慢慢地，苏苏就有了第一批客户。

又经过一年多的沉淀，苏苏有了忠实的老客户。随着订单的增多，苏苏已经开始考虑招收徒弟了。

苏苏告诉我，等她的手工收入大于主业收入并且能够持续半年以上，再考虑辞去工作，专心做自己的手作工作室。这就是典型的从爱好入手，慢慢发展为副业的真实案例。

行文至此，你可能会说："苏苏有爱好为基础，所以才好探索，而我感觉自己没有什么兴趣，又要如何挖掘兴趣呢？"

别急，这里还有一份专业的职业测评工具——霍兰德职业兴趣量表。

霍兰德职业兴趣量表介绍：

霍兰德职业兴趣量表可以帮助您发现和确定自己的职业兴趣与能力特长，从而更好地做出求职择业的决策。如果您已经考虑好或选择好了自己的职业，本测评将使您的这种考虑或选择具有理论基础，或向您展示其他合适的职业；如果您至今尚未确定职业方向，本测评将帮助您根据自己的情况选择一个恰当的职业目标。本测验共有五个部分，每部分测评都没有时间限制，但请您尽快按要求完成。

第一部分　您心目中的理想职业/专业

未来的职业(或升学进修的专业)，可能很抽象，也可能很具体。不论是哪种情况，现在都请您把自己最想干的3种工作或最想读的3种专业，按顺序写下来。

职业一：

职业二：

职业三：

第二部分　您所感兴趣的活动

下面列举了若干种活动，请就这些活动判断你的好恶，喜欢的活动计1分，不喜欢的不计分，每种活动必须做出"是"或"否"的分类，并按顺序回答全部问题。

1. R：实际型活动

（1）装配修理电器或玩具

（2）修理自行车

（3）用木头做东西

（4）开汽车或摩托车

（5）用机器做东西

（6）参加木工技术学习班

（7）参加制图描图学习班

（8）驾驶卡车或拖拉机

（9）参加机械和电气学习班

（10）装配修理机器

R: 实际型活动得分_____

2. I：研究型活动

（1）读科技图书和杂志

（2）在实验室工作

（3）改良水果品种，培育新的水果

（4）调查了解土和金属等物质的成分

（5）研究自己选择的特殊问题

（6）解算数或玩数学游戏

（7）物理课

（8）化学课

（9）几何课

（10）生物课

I: 研究型活动得分_____

3. A: 艺术型活动

（1）素描 / 制图或绘图

（2）参加话剧 / 戏剧

（3）设计家具 / 布置室内

（4）练习乐器 / 参加乐队

（5）欣赏音乐或戏剧

（6）看小说 / 读剧本

（7）从事摄影创作

（8）写诗或吟诗

（9）进行艺术（美术 / 音乐）培训

（10）练习书法

A: 艺术型活动统计得分_____

4. S: 社交型活动

（1）学校或单位组织的正式活动

（2）参加某个社会团体或俱乐部活动

（3）帮助别人解决困难

（4）照顾儿童

（5）出席晚会、联欢会、茶话会

（6）和大家一起出去郊游

（7）想获得关于心理学方面的知识

（8）参加讲座会或辩论会

（9）观看或参加体育比赛和运动会

（10）结交新朋友

S: 社交型活动统计得分＿＿＿＿＿＿＿

5. E: 魅力型活动

（1）说服鼓动他人

（2）卖东西

（3）谈论政治

（4）制订计划、参加会议

（5）以自己的意志影响别人的行为

（6）在社会团体中担任职务

（7）检查与评价别人的工作

（8）结交社会名人

（9）指导团体活动

（10）参与社团活动

E: 魅力型活动得分＿＿＿＿＿＿＿

6.C: 传统型活动

（1）整理桌面和房间

（2）抄写文件和信件

（3）为领导写报告或公务信函

（4）检查个人收支情况

（5）打字培训班

（6）参加珠算、文秘等事务培训

（7）参加商业会计培训班

（8）参加情报处理培训班

（9）整理信件、报告、记录等

（10）写商业贸易信

C: 传统型活动得分_____

第三部分　您所擅长获胜的活动

下面列举了若干种活动，其中你能做或大概能做的事情，喜欢的活动计1分，不喜欢的不计分，每种活动必须做出"是"或"否"的分类，请按顺序回答全部问题。

1. R: 实际型能力

（1）能使用电锯、电钻和锉刀等木工工具

（2）知道万用表的使用方法

（3）能够修理自行车或其他机械

（4）能够使用电钻床、磨床或缝纫机

（5）能给家具和木制品刷漆

（6）能看懂建筑设计图

（7）能够修理简单的电气用品

（8）能修理家具

（9）能修理收录机

（10）能简单修理水管

R: 实际型能力得分_____

2. I：研究型能力

（1）懂得真空管或晶体管的作用

（2）能够列举三种蛋白质多的食品

（3）理解铀的裂变

（4）会用计算尺、计算器、对数表

（5）会使用显微镜

（6）能找到三个星座

（7）能独立进行调查研究

（8）能解释简单的化学

（9）理解人造卫星为什么不落地

（10）经常参加学术会议（培训）

I: 研究型能力得分_____

3. A: 艺术型能力

（1）能演奏乐器

（2）能参加二部或四部合唱

（3）独唱或独奏

（4）扮演剧中角色

（5）能创作简单的乐曲

（6）会跳舞

（7）能绘画、素描或书法

（8）能雕刻、剪纸或泥塑

（9）能设计板报、服装或家具

（10）写得一手好文章

A: 艺术型活动能力得分_____

4. S: 社交型能力

（1）有向各种人说明解释的能力

（2）常参加社会福利活动

（3）能和大家一起友好相处地工作

（4）善于与年长者相处

（5）会邀请人、招待人

（6）对儿童能简单易懂地教育

（7）能合理安排会议等活动流程

（8）善于体察人心和帮助他人

（9）帮助护理病人和伤员

（10）安排社团组织的各项事务

S: 社交型能力得分＿＿＿＿＿

5. E: 魅力型能力

（1）担任过学生干部并且干得不错

（2）工作上能指导和监督他人

（3）做事充满活力和热情

（4）有效利用自身的做法调动他人

（5）销售能力强

（6）曾作为俱乐部或社团的负责人

（7）向领导提出建议或反映意见

（8）有开创事业的能力

（9）知道怎样做能成为一个优秀的领导者

（10）健谈善辩

E: 魅力型能力得分＿＿＿＿＿

6. C: 传统型能力

（1）熟练地进行中文打字

（2）会用外文打字机或复印机

（3）能快速记笔记和抄写文章

（4）善于整理保管文件和资料

（5）善于从事事务性的工作

（6）会用算盘

（7）能在短时间内分类和处理大量文件

（8）能使用计算机

（9）能搜集数据

（10）善于为自己或集体做财务预算表

C: 传统型能力得分_____

第四部分　您所喜欢的职业

下面列举了多种职业，请逐一认真评价，喜欢的活动计1分，不喜欢的不计分，每种活动必须做出"是"或"否"的分类，请按顺序回答全部问题。

1. R: 实际型职业

（1）飞机机械师

（2）野生动物专家

（3）汽车修理工

（4）木匠

（5）测量工程师

（6）无线电报务员

（7）园艺师

（8）长途公共汽车司机

（9）手工艺人

（10）电工

R: 实际型职业得分_____

2. I: 研究型职业

（1）气象学或天文学家

（2）生物学者

（3）医学实验室的技术人员

（4）人类学者

（5）动物学者

（6）化学家

（7）数学家

（8）科学杂志的编辑或作家

（9）地质学家

（10）物理学家

I: 研究型职业得分_____

3. A: 艺术型职业

（1）乐队指挥

（2）演奏家

（3）作家

（4）摄影家

（5）记者

（6）画家

（7）歌唱家

（8）作曲家

（9）影视剧演员

（10）导演

A: 艺术型职业得分_____

4. S: 社交型职业

（1）街道、工会或妇联干部

（2）小学、中学教师

（3）精神病医生

（4）婚姻介绍所工作人员

（5）体育教练

（6）福利机构负责人

（7）心理咨询员

（8）共青团干部

（9）导游

（10）国家机关工作人员

S: 社交型职业得分_____

5. E: 魅力型职业

（1）老板、创业者

（2）电视片制片人

（3）公司经理、店长等管理者

（4）销售员

（5）不动产推销员

（6）广告部长

（7）体育活动主办者

（8）律师

（9）个体工商业者

（10）企业管理咨询人员

E: 魅力型职业得分_____

6. C: 传统型职业

（1）会计师

（2）银行出纳员

（3）税收管理员

（4）计算机操作员

（5）簿记人员

（6）成本核算员

（7）文书档案管理员

（8）打字员

（9）法庭记录员

（10）人口普查登记员

C: 传统型职业得分_____

第五部分　统计和确定您的职业倾向

请将第二部分至第四部分的全部测验分数，按前面已统计好的 6 种职业倾向得分填入表 1-2，并作纵向累加，总分即表示了您的职业倾向性程度。

表 1-2

测试	R	I	A	S	E	C
您所感兴趣的活动						
您所擅长的活动						
您所喜欢的职业						
总分						

通常说来，我们会选取得分最高的代码进行参考和评估，相关的职业方向可以从第四部分进行参考。

为了方便说明，我们以一个案例为例。

毕业生李珍一脸茫然地找到了我们。她说眼看自己即将毕业，但始终不知道自己对什么感兴趣，更别提职业方向了。

对于李珍这样的毕业生，由于他们的生活及社会阅历浅，单纯用"兴趣漏斗"无法筛查或者很难筛查出有效结果，这个时候，我们可以用霍兰德测评结果作为参考。

很快，李珍的霍兰德测评结果出来了，结果显示，李珍得分最高的是 S，有意思的是，李珍其他部分的分值都差不多，没有明显的悬殊。

李珍谈及过往经历。原来，她一直都是那种"听话的乖乖女"，上学以来，基本上都是家人帮她拿主意，包括选择什么学校和专业，而她只负责学习考试，基本上也可以达成家人的期待。

光了解到李珍的霍兰德职业兴趣得分最高的是 S 之后，就可以分析出职业方向了吗？显然是不够的。

从价值观维度考量，李珍希望未来的工作能够受人尊敬，能够具备一定的专业性，且随着年龄的增长具有"正累积性"：个人经验和身价不是随着年龄增长递减的，而是随着年龄增长递增的。

李珍对赚钱并没有太强的渴望。这或许和李珍的成长环境有关。李珍家境殷实，又是个家中的独生女。

再从李珍的专业背景和学历来看。她学的是会计专业（家人的建议），但是李珍看到数字就头疼，会计专业课勉强通过。

如此一来，虽然李珍是会计专业，但由于不感兴趣（意愿缺失）和能力不足，尽管会计职业符合李珍要求的"正累积性"（随着年龄的增加，经验越丰富越值钱），还是无法在会计领域做长远打算和发展。

而李珍的霍兰德测评结果中，得分最高的是 S，显然是偏好"社交型"职业。那么接下来，还需要从李珍的性格特点和过往经历中挖掘。李珍对数字不感兴趣，但对文字敏感。她说自己最有成就感的事情，莫过于上学时作文写得不错，经常得到表扬与夸奖。

综合相关信息，加上霍兰德职业兴趣量表的结果，渐渐地，我们慢慢探索出一个职业方向，即教育机构的阅读写作老师。

接下来，就是让李珍搜集这个职业的招聘要求和条件。李珍通过搜集信息发现，很多教育机构尤其是好的教育机构的招聘条件上写着需要汉语言文学专业背景。于是李珍做出了一个决定，那就是继续求学并报考汉语言文学专业的研究生。一旦认定了职业目标，李珍后面的路就渐渐明晰了起来。

这里有一点需要提醒大家的是，从我们经手的职业咨询案例来看，霍兰德职业兴趣量表还是比较适用于初出茅庐的大学生，也就是说，职场经历越简单越好。

一旦踏入职场，又走了很多年弯路，再从霍兰德职业兴趣出发，难度就要大很多，倒不如用"兴趣漏斗"筛查，或者用后面章节介绍的优势能力部分进行剖析更为实际。

3. 总结

如果你对当前的工作不感兴趣，可能是兴趣缺失导致的，不妨根据兴趣漏斗模型进行筛查与分析，看看未来如何规划。

（1）回忆从小到大，你所感兴趣的一切事情，不加评判，写在一张纸上。

（2）将这些兴趣进行分析并分类，看看哪些属于"消费型"（通过花钱获得，暂时无法给你带来收益的），哪些属于"创造型"（你已经开始了尝试，并且获得了不错的反馈）。

（3）如果你发现，自己没有创造型兴趣，不妨从消费型兴趣中挖掘，看看哪些可以着手去做，慢慢变成"创造型"；如果你发现，自己有创造型兴趣，恭喜你，接下来，你需要做的是盘点自己的能力，看看自己要进行哪些学习或者提升，让自己变得更加专业。

（4）找到相关的网络平台，尝试输出作品，让兴趣变现，直至成为可以继续做大的事业。

042 ▶▶ 能力突围：职场加速成长的底层逻辑和方法

（5）如果从过往经历中寻找不出来，可以借助霍兰德职业兴趣量表来自我挖掘。

第四节　工作多年但依然没有兴趣，该如何寻找适合的工作

根据前面的阐述，相信此刻的你或许会认可兴趣的重要性。但另外一个现实的问题来了：如果工作多年依然感觉自己没有兴趣，该如何寻找适合的工作呢？

在这个维度上，很多人的逻辑大约是这样的："老师，我对现在的工作感觉不开心不满意，但如果我能找到喜欢的或感兴趣的工作，我就一定可以很开心很满意。"但问及他们对什么事情感兴趣或者喜欢的时候，他们的回答是："就是因为我不知道，所以才一直没法改变！"

这里面，藏着一个这样的逻辑：你可曾想过，你对当前的工作状态不满意，很可能是因为你的能力不足，无法胜任；因为无法胜任，所以做事的结果往往差强人意甚至不如人意，你收到的自然是很多负面的评价乃至批评，在这种前提下，又如何能获得自信和成就感呢？

可问题又来了。自信和成就感又恰恰是源于你妥善处理了工作中的一个又一个任务而产生的主观感受，而如果你缺乏处理这个任务的能力，导致没能很好完成，这个时候，你又如何能确保下一份工作就一定能给到你想要的信心和成就感呢？

所以，我想告诉你的是，如果你真的没有发现自己较为持久或稳定的兴趣，依然不妨碍你找到匹配的工作。因为自我探索本身就是一个漫长的过程，只是有人开始得比较早，而有的人开始得比较晚。

如果你刚刚开始尝试自我探索，就要给自己一定的耐心和时间。但与此同时，我们的眼光就要现实些，既然"理想"层面的路走不通，不如往"现实"层面倾斜一些，通过盘点自己的能力，去找到相关的职业线索。

那么，我们该如何系统梳理自己的能力呢？

1. 工具

想要解决这个问题，需要一个工具——能力图（如图 1-3 所示）。能力包括三个维度：知识、技能和才干。

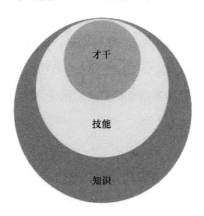

才干

技能

知识

图　1-3

知识：指的是你懂得的东西。你的学历、专业背景、考取的证书等等，都是知识维度的证明方式。

技能：指的是你会做的事情，这里面分为两部分：一是专业技能（特定领域内的技能，外行人不太能一下子学会，有一定的专业壁垒）；二是通用技能（任何领域都会用到的能力，没有太多的专业壁垒，例如沟通、演讲、写作，等等）。

常见的通用技能清单如下：

计划、组织：确定不同阶段项目目标，制订日程计划并推进。

执行：根据制度、规定或计划采取准确的行动。

计算机技能：利用软件，如 Word、Excel、PowerPoint 等，推进、完成任务。

持续记录：通过日志流水账、比较或表格等方法保持信息的更新。

时间管理：确定任务的优先顺序，做好安排，保证任务及时完成。

适应变化：轻松且快速地适应工作任务与环境变化。

评测检查：对熟练程度、质量或有效性再三进行仔细检查。

校对编辑：检查书面材料中的词汇使用和题材是否正确，并改正。

写作：撰写报告、信件、文章、广告、故事或教材。

机械使用：装配、调试、修理和使用机械。

事务管理：协调事件，做好后勤安排。

销售：使客户确信产品或服务的价值，增加销售金额。

团队合作：善于与他人合作以实现共同目标。

客户服务：有效解决顾客提出的问题，应对顾客挑衅，最终使顾客满意。

临场应变：在无准备的情况下进行有效的思考、演说或行动。

表演与演说：为他人进行演唱、舞蹈、演奏等表演，或在大众面前阐述观点和演讲。

询问：在交流中通过提问捕获关心的问题。

多语言：熟练使用英语或其他外语进行书面及口头交流。

情绪管理：善于管理自己的情绪，能运用恰当的方法宣泄情绪；善于倾听、接纳他人；可以控制愤怒，保持冷静；有适时的幽默感；懂得感激。

谈判协商：为保障权力和利益，通过谈判协商达成一致意见。

咨询：通过指导、建议或训练他人，促进其个人成长。

人际沟通：能有效、明确地表达及解读成员的信息，可以在集体中充当联络人角色，并能处理矛盾，化解冲突。

创新：通过思考、构想、遐想和头脑风暴的方法产生新的想法，获得新的结果。

美术设计：运用一定的审美观念、表现手法及专业工具将某种构想和计划视觉化或形象化。

图像处理：用计算机对图像进行分析以达到所需结果的技术。

绘画摄影：素描、绘制地图和油画、拍摄照片等。

处理数字：使用计算、演算等方法解决数字，数量相关问题。

归纳总结：整合概念和信息，使不同的元素形成系统的整体。

分析：用合乎逻辑的方法分解和解决问题。

观察：按科学的方法研究、检测数据、细察人或事。

概念化：从问题、现象中提炼出相关观点。

归类：为人、事、数据或资料分组、归类，使之成系统。

资料收集：通过书面或互联网有效地收集、组织信息和数据，以获取关注的信息。

授权：通过将任务分配给其他人的方式取得有效成果。

领导力：激励他人，发挥影响力改变现状，运用领导力引导新的方向。

多任务管理：协调多个并发任务，使之有效地被执行。

教导指点：通过教导并指点学生、员工、下级或客户，促进其领悟与成长。

预见：根据科学规律预先料到事物的变化结果。

直觉：运用洞察和远见能力。

展示与演示：对学生、员工或顾客进行说明、解释和指导。

处理模糊问题：轻松高效地处理缺乏清晰性、结构性和确定性的问题。

决策：对重大、复杂或常见的问题做出决定。

监控推进：跟踪了解事态进展与发展趋势，加速生产或服务，寻找问题排除故障，使流程更加顺畅。

预算：制订更经济、更有效地使用金钱或其他资源的计划。

评估：对价值或成本进行评定或评价质量与可行性。

才干：指的是持续优秀的表现。也就是说，在前面的技能中，是否有那么一个或几个能力，是你运用非常娴熟且总是获得好评的，这可能就是才干。

那么，如何评估自己是否擅长某项能力呢？

在这里，给大家一份擅长某项能力的评估标准（满足一项以上即可）：

自认为该项能力比大多数同事强。

运用该项能力进行学习或工作时经常得到好评和夸赞。

有该项能力的中高级职业资格证书。

获得过该项能力的比赛奖项。

如果一名会计专业毕业生，并不知道自己喜欢或者对什么感兴趣，但这个学生通过梳理，发现自己在演讲、辩论等方面有优势，并且还经常获得演讲及辩论的奖项（才干），喜欢和人打交道，那么你觉得，适合他的职业大约有哪些呢？

首先，我们需要分析他的职业诉求。假使在他的诉求中，对专业性较为看重，也希望能利用自己的一技之长，同时对于数字也较为敏感（至少不排斥，愿意钻研），那么在诉求维度，财务及相关领域的工作是完全可以重点考虑的。

其次，通过他的能力梳理，如果能运用到相关的表达能力，则可以考虑夯实专业基础，未来可以转向财务教育及销售领域。

最后，确定了大方向之后，还是要立足现实，找个能做并且能做得好的工作，踏踏实实去做，在一个又一个任务中，提升自己的能力，并且力争把专业能力提升到才干的维度，未来或许就会有更多的选择了。

在能力梳理方面，可以从我们前面提到的能力三个维度进行整理，通过自评和他评（尤其是过往领导或同事）以及通用能力的整理，就不难对他的能力情况有个全面的认识，这样评估出来的结果才更为客观与全面。

2. 案例

小 D 在参加我们的线下职业规划训练营之前，是一个职场存在感很弱的小伙子。

小 D 学的是市场营销专业，但性格不够开朗，也不太擅长言辞。毕业之后，小 D 在家人安排下，来到一家国企做着日复一日的行政类的基础工作。

小 D 对于当前的工作很不满意，工资低不说，关键是没有什么技术含量也没有成长性，但问题在于他认为自己很一般，没有可圈可点的部分，对自己没有自信，不知道未来能往哪里发展。

怀着种种困惑，他参加了我们的一期线下训练营，想要更多地了解自我，找到适合自己的职业方向。

在训练营中，通过我们的观察以及小 D 所在组的组员们的反馈，我们渐渐有了些线索：

（1）小 D 之所以存在感弱，是因为从小到大比较"听话"，自主做决定的时候不多，一直依赖父母，像个长不大的孩子。

（2）小 D 对人有着敏锐的洞察力，对数字也较为敏感。才一个上午的时间，小 D 基本上把组员的姓名、特点等都掌握了，并能够迅速融入小组活动中，细致周到地为每个组员服务。

（3）在相关的活动环节，小 D 透露，父母对他很不满意，觉得他没有"阳刚之气"，他反而对色彩等更感兴趣，小时候想要学习画画，但被父母认为未来不好就业，就打消了他的这个念头。

结合小D的能力现状，我们的梳理如下：

（1）知识层面：市场营销专业背景，本科学历。

（2）技能：专业技能缺乏，有待后期加强与提升；通用技能部分，具有一定的协调及沟通能力，但销售能力不足同时意愿度也不强，更倾向辅助性工作，而不是销售类工作。

（3）才干：刚毕业没多久，从事现在的行政工作没有成就感，做事认真周到观察细致，对人的需求、情绪、数字、色彩等具备一定的敏锐度（这部分有待后期在工作中进一步挖掘与提升）。

那么，从小D的能力情况出发，你认为适合他的职业大约有哪些呢？

经过两天训练营的探索，结合我们搜集到的行业及职位信息，再综合小D的职业诉求来看，最终我们将目标锁定在了互联网运营岗位上。而运营岗位门类繁多，结合小D的特点，我们建议他可以重点考虑用户互动和维系类的运营岗位。

当然，鉴于小D之前没有经验，想要成功应聘这个岗位，一开始不要急于去大公司应聘，可以从小公司起步，先积累经验，等有了经验之后，再通过跳槽慢慢地转向理想的公司。

3. 总结

如果你的兴趣不明确，暂时也没有发现自己的优势，之前的自我探索较少，这个时候，不妨立足现实，从能力部分看看自己能做什么工作。

能力分为三个维度：

（1）知识维度：指的是你的学历、专业及证书，它代表的是你懂什么。

有些职业的知识门槛较高，例如高校老师、大企业的技术类岗位，等等；有些职业的知识门槛较低，例如销售、行政文员、中小企业的运营岗位，等等。如果你立志于在某个领域发展，尽量选择相关的专业，或者如果你选择了相关专业，在没有更好的选择下，不妨考虑立足本专业发展。

（2）能力维度：包括专业技能和通用技能，它代表的是你能做什么。

专业技能是需要在实际工作中，通过完成一项项任务，才能施展与显现出来，所以用人单位往往会根据一个人的过往工作经历，去评估一个人的专业能力。通用技能往往是可以迁移的，例如沟通能力、协调能力、领导能力等，因此如果你未来想要获得更多的选择，需要留意通用能力部分的提升。

（3）才干维度：是指持续优秀的表现。

这个维度与特质密不可分（关于特质部分，后面会有专门的章节进行介绍与分析）。与此同时，才干更是大量重复练习的结果，所以你可以理解为，这是基于能力基础上，通过大量练习，最终形成的能力优势。所以，如果你觉得自己对某件事感兴趣，就能够成功转型吗？没有那么简单。

要知道，兴趣不代表能力，如果你的兴趣只停留在消费型兴趣上，则谈不上能力；唯有达到创造型兴趣的维度，才能谈及能力。光有能力可能远远不够，如果你想转型到相关领域，还要了解那个领域的能力要求（知识、能力、才干），通过各种方式达到相应的门槛要求，才能做出切实的转型。

第五节　勾勒你的职业方向

通过前面的阐述，想要寻找适合自己的职业方向，不妨按照前面的逻辑与步骤进行：

先梳理自己的价值观，从认知或者需要调整的心态等入手；如果认知和心态没有问题，再挖掘自己的兴趣，看看有没有相关的线索；如果兴趣挖掘不出来，或者即便挖掘出来但不具备操作性，再从能力维度排查，看看立足于现实维度，自己能够做什么样的工作。

当这些全部梳理完毕之后，你的职业方向（也叫职业图式）差不多就能初露端倪。

我从事职业咨询这些年以来，总有人问我一个问题："晓璃老师，你说这个世界上是否存在理想的工作？"

假设你的价值观清晰、认知合理，加上你对自己的兴趣及能力有个客观的评估，通常来说，按照下面的工具，可以找出适合自己的职业方向。

1. 工具

这里介绍一个工具，叫作"职业三环图"。"职业三环图"是吉姆·柯林斯提出来的，他写过全球畅销书《基业长青》和《从优秀到卓越》。

借助吉姆·柯林斯《从优秀到卓越》中提出的"三环图"，我们可以用来进行自我职业定位。柯林斯的"三环图"指的是职业兴趣、职业需求和职业能力的交叉点，就是你未来的发展方向。我们可以理解为，你想做的（兴趣）、你能做的（能力）、你认为值得做的（价值观），这三者的交集，就是你未来理想的职业发展方向（如图1-4所示）。

不过这里面有个前提，这个图更适合自我探索较为充分的个人进行分析。如果你在这三个维度的任何一个维度存在不清楚的地方，建议还是按照前面的步骤一步步进行探索，并且给自己一定的时间，不要着急。

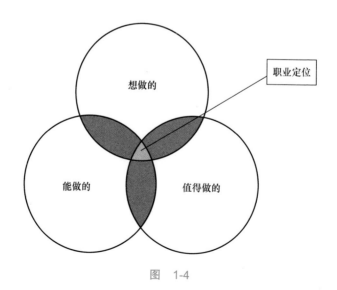

图　1-4

2. 步骤

（1）根据价值观九宫格，找到自己最看重的价值观（值得做的）。

（2）根据兴趣漏斗，筛选出可以发展成职业的创造型兴趣（想做的）。

（3）根据能力三核，整理出自己当前的能力情况（能做的）。

将这三部分写在纸上，分析下自己未来的职业方向。

3. 案例

咨询者 Linda 是一名英语翻译，在一家翻译公司从事了多年的笔译工作。也不知是工作久了产生了职业倦怠，还是看不到未来导致价值缺失，总之，Linda 异常焦灼，迫切地想要探索出自己未来的发展方向。

在 Linda 的咨询案例中，我采用的恰恰是职业三环图的方法，分析如下。

（1）价值观：通过"价值观九宫格"的呈现与梳理，Linda 想要的最核心的职业诉求是成就感。从 Linda 过往的成就感体验中，我们分析出来，Linda 在和人打交道方面的成就感体验，远比单纯地处理事务要多得多。

（2）兴趣：通过"兴趣漏斗"的筛查，发现 Linda 的兴趣在于发挥想象力和创意。可想而知，笔译工作对于 Linda 的创造能力并没有太多的锻炼机会。

（3）能力：知识方面包括英语专业本科毕业，专业八级。

能力方面包括专业技能——有过多年的笔译工作经验，对于英语词汇、语法及句式等熟练掌握；通用技能——具有一定的沟通及协调能力，也曾经在公司组织的年会上做过表演。才干方面包括书面及口头的英文表达能力。

我们一起开动脑筋，想想看：什么样的工作能够匹配 Linda 的能力，同时又能满足她的兴趣，又比较符合她的价值观呢？

不妨按照这种方法，找找适合自己的职业方向吧。

4. 总结

在现实中，确实是存在相对"理想的工作"的，这个理想工作恰恰是你的价值观（值得做的）、你的能力（能做的）、兴趣（想做的）这三者的交集。

（1）价值观：通过自己对于工作/事业、家庭/生活、健康/娱乐三个方面的具体期待，先排查里面是否存在相互冲突的部分，解决了冲突部分之后，再看下这些具体期待的内部逻辑关系，找到最为核心的那个，即为你的核心诉求。

例如，常见的价值观往往会有成就感、安全感、舒适、薪资收入等。

（2）能力：分为三个部分，即知识（你懂得的）、能力（你会做的）、才干（持续优秀的表现）。

（3）兴趣：分为消费型兴趣和创造型兴趣。其中，消费型兴趣更倾向于感官刺激，通常无法转换为职业，兑换想要的经济价值；唯有创造型兴趣，未来才有可能随着能力的提升，变成真正意义上的职业兴趣。

理想的职业图式（方向），必须建立在这三者的基础之上，才能初步呈现。

温馨提示如下：

如果你不清楚自己想要什么，你需要通过行为日记进行分析与探索，调整自己不合理的期待及认知，再继续分析自己的价值观。

如果你发现自己感兴趣的东西很多，一定要区分哪些属于消费型兴趣，哪些属于创造型兴趣，再根据"兴趣漏斗"步步筛查，找出可能成为职业的兴趣重点发展。如果暂时没有创造型兴趣，不妨从消费型兴趣入手，看看哪些可能进一步变成"创造型兴趣"，再谈下一步分析。

如果你觉得自己想法很多，但迟迟无法行动，有可能是能力部分出了问题。

首先，有可能是你理想中的职业门槛较高，你的学历或专业不匹配达不到，这个时候，如果你的条件允许，建议通过考研等方式切换自己的专业或学历。

其次，有可能是这个职业门槛不高，但问题出在你没有相关的职业经历，专业技能匮乏，这个时候，不妨降低要求，先入行积累实践经验，等能力提升上来之后，再去选择。

最后，有可能是你可迁移的能力匮乏，比如通用能力中的沟通能力，特别是门槛不高或者专业性不明显的职业，对于通用能力的要求较高，想要做好并有所成就，需要提升自己的通用能力。

如果是前面任何一个条件不符合，先要按照前面的思路解决具体问题，等到三个方面都厘清且条件具足之后，才有可能探索出适合的职业方向。因此，职业规划真的是伴随我们终身的事情，有时候无法一蹴而就。

我们也会遇到这样的来访者，因为前面的条件不具足，导致职业方向（图式）一时半会儿无法成型，但我们依然会给到相应的建议。

所以，职业规划更像是提前的谋划，从来都不是"救命稻草"。如果你前面的自我探索不足，再高明的咨询师可能也无法通过一两次咨询给到你具体的职业方向。请大家务必对这件事情抱以合理的期待。

第二章

策略：

如何制订正确的发展路线

有人开玩笑说，有一部分企业员工的处境是：20 岁拼尽全力，30 岁惨遭遗弃。

如果我们仔细深挖不难发现，这种看似玩命的努力由于缺乏明确的职业目标和系统规划，从未跳出舒适区。多年如一日地做着熟悉的工作，待在熟悉的环境里，和熟悉的人打交道，这让他们感到很舒服很安全。然而，一味做自己熟悉的事，注定毫无价值。

所以，他们拼死拼活干了十几年，除了一副日渐疲惫的身躯和内心的创伤之外，还要被迫接受被清退的结局。

美团网创始人王兴说，多数人为了逃避思考，愿意做任何事情。

遗憾的是，只有少数嗅觉敏锐的人意识到了职场生存的残酷，而绝大多数的人，都在日复一日简单而熟悉的安稳中继续玩着自欺欺人的游戏。

如今，是时候学会给自己制订一份职业发展战略了。

第一节　挖掘能力背后的因素

事实上，我更愿意将"能力"称为"能力表征"，因为能力这件事情，只是呈现出来的表面特征，在能力的背后，更有很多鲜为人知的因素在起作用。

社会心理学家麦克利兰提出过一个理论：我们总是习惯用知识、技能去评判一个人的职业能力，但其实这些只是最表面的因素，真正影响一个人职业表现的，是更深层的东西，也就是一个人的"内在素质"。他把这个理论称为"冰山模型"。

1. 工具

通过"冰山模型"（如图 2-1 所示），想必你不难发现，我们在前一章讨论的能力部分（技能、知识），在这个模型中只是水面以上的部分。水面以下的分别有：角色定位、自我认知、特质和动机。

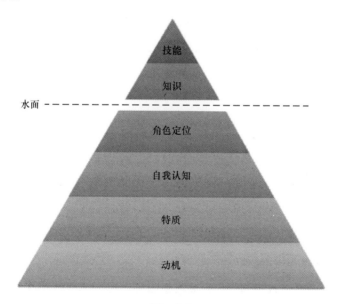

图 2-1

那么，水面以下的这些因素分别是什么意思呢？

角色定位：指的是一个人对自己在社会上所处位置的定位，常见的角色有管理者、开拓者、服务人员，等等。

自我认知：指个体对自己的认识和看法，比如是否乐观、自信、主动，等等。

特质：指的是一个人稳定而持续的思维及行为特征。

动机：指的是一个人内在的、自然持续的想法及偏好，它驱动、引导和决定着个人行为。

麦克利兰认为，所谓动机，就是我们获取成就感的方式。

你是什么样的动机，就会倾向于通过这种方式寻找成就感和满足感，进而找到存在的意义。

他把动机分为三类：

（1）成就动机。具备高成就动机的人，喜欢"把事情做好"，在面对高难度挑战的时候，成就动机的人会竭尽全力，最终成功完成任务。

（2）影响动机。具备影响动机的人，喜欢从指挥他人、操纵他人方面获得成就感，通俗说来，就是追求"影响力"和"权力"。由此可知，想要成为管理者，必须要具备较高的影响动机；而成就动机高的人，更适合成为专业技术人才。

（3）亲和动机。具备高亲和动机的人，希望建立良好的人际关系，希望获得他人的喜欢和接纳，比起成功和权力，他们更喜欢追求信任、友谊与合作。通常说来，具备高亲和动机的人，往往是团队的黏合剂，也很适合"协调者"的角色。

通过冰山模型不难得知，不同的动机水平，决定了每个人不同的角色定位；而每个人在各自的角色定位中，又不断地强化自己的优势，渐渐在能力方面，也就出现了千差万别。

2. 案例

咨询者李茜前来咨询的时候，是一家房产公司的销售。可不知为何，这些年来，她的业绩平平，同时对工作也没有太大的热情。领导已经找她谈了好几次话，说如果再不出业绩，就要考虑去留了。

李茜沮丧极了。她倍感困惑的是：她到底出了什么问题？为什么自己分明很努力在做，可依然没有什么业绩呢？

通过冰山模型的排查与分析，梳理出以下几个关键点：

（1）从能力表征来看，李茜的销售能力缺失，存在很多不足，包括对客户心理的把握，以及在什么时机如何说话措辞，李茜仿佛都没有太多的概念。

（2）从角色定位分析，李茜更倾向于一名服务人员，她觉得自己没有野心和冲劲，做不了开拓者；也缺乏操控他人的欲望，不属于管理者。

（3）在自我认知方面，李茜一直自信心不足，毕竟一套房子价值不菲，想到自己还不具备买房的实力，就给人推销房产，总觉得没有底气。

（4）通过挖掘李茜的动机水平，我们发现李茜的亲和动机高，成就动机一般，影响动机基本没有。

通过冰山以下维度的梳理，你发现了什么？

没错，由于缺乏影响动机，加上成就动机不足，导致李茜在房产销售方面不太能够获得成就感，长期业绩平平，收到的多是负面反馈甚至批评，自然越来越没有信心。由于信心不足，导致李茜在和客户进行销售的时候缺乏说服力，当客户提出疑虑的时候，她无法有效应对。长此以往，她在这份工作当中，不仅销售能力没法提升，而且亲和动机指向的能力（如人际关系的协调能力）也无法施展——这样的工作，不让李茜倍感痛苦才怪呢。

结合李茜的过往经历和实际情况，我给到李茜的建议是，可以换个行业做和销售有关的辅助型工作。比如，切换到教育培训领域做类似班主任的岗位，可以发挥李茜亲和力强的服务型特质，同时在服务学员或家长的过程中，可以帮助李茜慢慢了解客户的想法，再去进一步学习如何打消客户的顾虑，达成销售。

所以，不是说李茜完全不能做销售工作，而是以她目前的能力情况来看，她需要给自己一段时间，从可以胜任的工作岗位开始，一步步地达成目标来建立自信。随着处理事情水平和经验的提升，或许成就动机慢慢就会上来。这样一来，就会影响到她对自我的认知，她会发现，原来自己还可以承担开拓业务的角色。等到那个时候，再转到一线做销售，或许就能找到感觉步入正轨了。

瞧啊，冰山模型是不是很实用呢？

3. 总结

让我们来复盘和总结下冰山模型的思路和方法吧。

（1）冰山模型的水面以上部分就是一个人的知识和能力，而水平以下部分则是能力背后的因素，主要包括角色定位、自我认知、特质、动机水平。

（2）这些因素相互影响相互作用，构成了一个能力系统。

（3）如果你在工作中找不到成就感，不妨借助这个模型进行排查与梳理，看看自己现在拥有哪些能力，又存在哪些不足；你对自我的角色定位是怎样的；你对自己的认知有哪些；你的动机水平又是怎样的状态。再对照你当前的能力，或许你会有一个新的发现。

（4）如果你发现，以你目前的能力无法胜任当前的工作，比起死磕，你更可以借助这个模型，找到自己能够胜任的工作或环境，逐步优化与提升自己的动机水平，进一步改进自我认知，再影响到你的角色定位，从而对你的能力产生实质影响，再去寻找相应的机会，慢慢地让自己的职业步入正轨，找回应有的自信和成就感。

如果这个部分的内容能够让你耳目一新且有所启发，那么下一节有关特质部分的内容，相信会给你带来更多的惊喜。

第二节　梳理你的特质

通过上一节的冰山模型，想必你已经了解到，知识和能力只是冰山以上的部分，冰山以下还有其他因素，才是更为重要和隐秘的部分。

这一节我们就来说说特质。

我们该如何发现和分析我们个人的特质呢？

1. 工具

在我们的职业咨询中，使用比较多的是 DISC 性格分析和迈尔斯·布里格斯职业性格类型。这里主要和大家介绍的，就是迈尔斯·布里格斯职业性格类型。

在迈尔斯·布里格斯职业性格类型中，将人的特质分为四个维度，类型指标介绍详见表 2-1。

表　2-1

维度	类型	相对应类型英文及缩写
注意力方向 （精力来源）	外倾	E（Extrovert）
	内倾	I（Introvert）
认知方式 （如何搜集信息）	实感	S（Sensing）
	直觉	N（iNtuition）
判断方式 （如何做决定）	思维	T（Thinking）
	情感	F（Feeling）
生活方式 （如何应对外部世界）	判断	J（Judgement）
	知觉	P（Perceiving）

四个维度如同四把标尺，每个人的性格都会落在标尺的某个点上，这个点靠近哪个端点，就意味着个体有哪方面的偏好，如在第一维度上，个体的性格靠近外倾这一端，就偏外倾，而且越接近端点，偏好越强。

你的偏好是什么？

想要弄清楚这个问题，就要弄清楚每个维度的含义，并且能估计出自己在每个维度上的偏好。但既然是偏好，也就意味着，以下每组功能其实我们每个人都具备，只是你更擅长哪个功能，更习惯使用哪个功能，则是"偏好"。

就像现实中的左撇子一样，这种人用左手更自然更顺畅，这就是"偏好"。

在职业生涯领域，"偏好"是一个人的思维及行为倾向，它是一个人多年适应环境的结果，与其花费时间纠正它，不如充分认识之后顺应它，才能获得更为高效的发展。

特质四维度具体包括以下内容。

（1）外倾（E）—内倾（I）

如果我们以自身为界，我们可以将世界分为自身以外的世界和自身以内的世界两个部分，也可以成为"外部世界"和"内部世界"。

外倾的人倾向于把注意力和精力投放在外部世界，他们比较关注外在的人、外在的物、外在的环境，等等；内倾的人倾向于把注意力和精力投放在内部世界，他们比较关注自我的内部状况，比如内心的情感或思想，等等。

这两种类型的个体在各自偏好的世界里会感受到舒适、有活力，而在相反的世界会感到不安与疲惫。

由于注意力和精力投放领域不同，因此，内倾的人往往在社交结束后需要独处恢复能量，而外倾的人在独处后需要社交恢复能量。

再比如，外倾的人来到一家公司，往往一段时间后就会变得"消息灵通"，对于这个公司的动态、其他同事的情况都摸得一清二楚；而内倾的人在一段时间后，依然是"后知后觉"的那一个，他们更关注自己眼前的工作，对于外部环境和他人并不太关注。

因此，外倾和内倾并不像人们传统认为的是否通过健谈予以区分。是否健谈更多的是一种能力的表现。事实证明，有很多内倾者在必要的公众场合也能做到流畅的表达。

你认为做销售是要外倾的人好，还是内倾的人好呢？也许你会不假思索地回答，外倾的人更好。

但事实上并非如此。

从我们经手的咨询案例来看，外倾的人确实具有"自来熟"的个性特点，在和他人建立关系方面，会给人热情的印象，但如果销售的产品或服务是具有专业性的，单靠热情可能无法打动你的客户。

这个时候，如果是一名内倾的销售，他如果在专业方面下足了功夫，尽管客户在开始接触的时候可能看似不那么热情，但在解答客户问题的时候很专业且让人信服，这份专业度能让客户为此买单，那么，内倾的人也可以通过自己的努力，让自己变成专业度较高的销售。

因此，我们不能简单地以内倾—外倾这个维度的偏好断然判断自己是否适合某个职业（例如销售），而是要根据你所从事的职业特点、面向的人群、产品或服务的特点等综合分析，看看能否发挥自己的特质，以及如何运用自己特质的优势，取得最终的胜利。

（2）感觉（S）—直觉（N）

我们每个人都在接收信息，并根据这些信息对人和事进行基本的分析与判断。但是，不同类型的人接收信息的方式不同，这就有了感觉和直觉的区别。

总体说来，感觉型的人注重的是事实本身，关注细节，而直觉型的人注意到的是关系、含义和结论；感觉型的人依赖五官（看到、听到、闻到的信息等），直觉型的人会在事实基础上加以联想、推理等，会对事实背后的层面（例如动机等）进行揣测。

举个简单的例子。

当有人问："你吃饭了吗？"

感觉型的人就会把这个问题按照字面意思，认为对方询问自己是否吃饭的事实，所以他们的回答是比较明确的："吃了"或者"没吃"。

直觉型的人则会根据这个问题考虑更多层面的东西，比如，对方问自己有没有吃饭，是否是因为对方想吃饭了。所以他们的回答往往是："我吃过了 / 没有吃呢，你呢？"

因此，从这一点来说，相关经验也是起到了一定的作用的。

具有丰富生活阅历的人，可能会考虑到其他层面；而职场新人有时候由于缺乏生活阅历，考虑不到其他层面也是正常的。

通常来说，具备直觉倾向的人会在人际关系方面比较有"悟性"，他们擅长听到"弦外之音"，但如果这个倾向表现得比较极端，则会出现纠结而多疑的特点；具备感觉倾向的人更擅长处理具体的事务，他们的执行力比较强，如果这个倾向表现得比较极端，则会出现情商低、眼光短浅等特点。

所以，我们可以这样理解，直觉型的人在想象力、推理能力方面或有天赋，不过这个天赋更需要后天在适合的环境中和任务中磨炼，才能进一步形成能力或优势；而感觉型的人在审美能力、细节感方面或有天赋，但也是需要后天的磨砺才能形成能力或优势。

你认为在作家这个职业中，是直觉型好还是感觉型好呢？我猜你的回答会是：直觉型更好。

实则不然。

如果你是一个感觉型的人，擅长观察现实生活和描述细节，那么写实风格是你可以重点考虑的创造方向，例如，《人生》的作者路遥在创作过程中，为了切实体验生活，住在环境艰苦的窑洞里，写出来的小说十分接地气，而对于场景、人物等细节描写更是惟妙惟肖，这就是感觉功能的体现；而如果你是一个直觉型的人，擅长推理、想象，则不妨考虑悬疑类、科幻类题材，或能更好地发挥你的直觉特质。

与此同时，不容忽视的一个地方在于，这两个功能更是相辅相成的：在成长阶段，我们需要发展感觉功能，进行模仿和学习；等真正摸到了门道，再拓展直觉功能进行创新。

这就像在职场中，即便你是做设计类工作，一开始你还是需要发挥你的感觉功能进行大量的模仿与学习，等慢慢对这行熟悉了之后，再进行创新，则直觉功能才会慢慢得以显现。

因此，对很多人而言，在这个维度上，我们不能过于片面或者割裂地看待。

（3）思维（T）—情感（F）

在很多人的认知里，思维倾向的人是理性的，而情感倾向的人是感性的。

实际上并非如此，这两类人都有理性思考的部分，确切来说，思维和情感这一维度偏好指的是我们的决策方式。

一部分人常常会从自我的价值观出发，变通地贯彻规章制度，做出一些自己认定是对的决策，比较关注决策给自己或他人带来的情绪体验，人情味较浓——这是情感倾向；还有一部分人常常根据客观事实的分析，一以贯之、一视同仁地贯彻规章制度，不太习惯根据人情因素变通，哪怕做出的决定并不令人舒服——这是思维倾向。

事实上，这两种类型无所谓好坏，只是我们要尽量地避免"极端"：极端的思维倾向会给人"冷酷"的感觉，极端的情感倾向会给人"无原则"的感觉。

问题来了，比如一份财务工作，你认为是思维倾向适合，还是情感倾向适合呢？也许你会回答，思维倾向更适合？

实际上并非如此。

财务工作具体分很多种。如果只是一名基层财务人员（类似于出纳、主办会计这种），不论情感倾向还是思维倾向，只要理性思考能力发展较好，都是可以胜任的，只不过在风格方面会有不同：思维倾向的会计人员可能会显得有些"不好说话"，为人处世相对来说可能会因为坚守原则略显得有些"死板"；而情感倾向的会计人员更会注意说话的方式，会在坚守原则的基础上做些变通，让对方感觉舒服。

同样地，到了中高层级别的财务管理岗位上，有的领导如果是思维倾向，则会自带一种严厉而冰冷的气质，会习惯于看到问题批评下属；而如果是情感倾向的领导，则会让下属感觉有人情味，但往往会因为人情关系，显得不是那么果断。

因此，我们会发现，思维和情感特质与你是否具备理性分析思考的能力完全是两个概念，这种特质代表的是你做决策的方式。

比如，在你过去的工作经历中，你往往因为什么而离职？

如果你具备清晰的职业规划，因为这份工作给不到你想要的发展空间，哪怕这份工作氛围不错、人际关系舒服，你也会为了更长远的利益离职，这就是典型的"思维倾向"；而如果你不具备清晰的职业规划，只是因为这份工作的氛围、人际关系让你倍感舒适，或者因为某个领导的赏识认可，从而你能够待下去，这是典型的"情感倾向"。

但不论你是思维倾向还是情感倾向，并不代表你在工作中就是理性或感性的表现，这一点一定要加以区别。

因此，认识到这个维度的差异性，是为了让我们理解不同人的做法，从而让我们在生活或工作中，尽量避免极端的思维倾向：如果你是思维倾向的人，那么你在决策的时候，适当考虑下他人的感受；如果你是情感倾向的人，那么你在决策的时候，尽量多地根据客观事实去分析，不要过于被感受所牵绊。

（4）判断（J）—知觉（P）

这个维度的两个倾向表示的是我们的生活方式。

一部分人对待生活的态度是"试图掌控一切"：他们做事井井有条，喜欢提前计划，做事目的性较强，一板一眼，喜欢以有序的方式生活，希望一切都能掌控在自己的手中。另一部分人对待生活的态度是"体验大于结果"：他们喜欢不断关注新的信息，喜欢变化，更愿意以开放、灵活、随意的方式去生活，在他们看来，过程或体验就是生活本身，他们有些时候做些事情没有太强的目的性，可能只是因为这是一次全新的体验。

大多数人都有两种倾向，只是会更偏向某一端。比如你在放松无压力状态下，更倾向哪种生活方式？用这个状态去考量，才能更有参考价值。因为我们在工作或生活中，这个维度的倾向会受其他因素的影响，有时候我们在压力状态下，更会改变一贯的方式。

例如，一个知觉倾向的人，在面临紧急任务的时候，也会变得果断起来，也会列计划确保任务的达成，有时候兴之所至，也会把东西收拾得整齐有序。但这些可能不是他们常有的行为方式，也不是让内心感到真正自然或舒服的方式。

你认为在做领导这件事情上，是判断倾向的占优势，还是知觉倾向的占优势呢？想必你的答案会是判断倾向吧。

事实上，并非如此。

如果一个人的判断倾向过于强烈，会比较容易走入刻板、教条的境地，这种特质的人如果做了领导，就需要适度调整自己的判断倾向，考虑新的可能性，不要对人和事过快地下定论；如果一个人的知觉倾向过于强烈，会比较容易散漫，对于这种特质的人来说，如果想要当领导，需要有意识地增强判断倾向，做事还是要提前设置好规划和目标。

认识到我们每个维度的倾向，它的意义并不是在于充当"算命"功能，去算出所谓"你适合什么工作或职业"；它的真正意义在于你进行职业选择或决策的时候，甚至是在工作或生活过程中，能够更好地认识自己，并根据角色要求，适当进行调整或提升，从而让自己和工作适应得更好，或者做出更为明智的决策。

对照上述四个维度的分析，不妨参考下你自己平时无压力状态下，最为舒适自然的倾向，看看在这四个维度里，自己分别是什么倾向。

有了这个认知之后，再放到工作或生活中进一步检验，当你对自己的倾向越来越明确之后，再来分析一些职业问题，可能就会比之前更有思路了。

2. 案例

咨询者陈阳曾经是一家公司的策划人员，因为厌倦了复杂的人际关系，渴望拥有一份人际关系简单的工作，加上自己心中一直有个"咖啡师"的梦想，就断然辞去了这份工作，想要在咖啡师领域一展拳脚。

然而梦想是丰满的，现实是骨感的。

经过一系列培训和学习后，陈阳终于找到了一家咖啡厅，在那里做起了咖啡师。但现实远没有他想象的那样美好。原来，在陈阳之前的认知里，他觉得咖啡师的职责就是在吧台内制作咖啡，但后来自己做了这行才明白，真正优秀的咖啡师绝不仅仅只是做出一杯咖啡如此简单，更要能够分辨出不同咖啡的色香味，评判咖啡的优劣和级别。与此同时，咖啡师这个职业本身还自带销售属性，在客户不知道选择哪款咖啡的时候，咖啡师需要用自己的专业知识打动客户，从而带动咖啡店的整体销量，等等。

通过特质维度的分析来看，陈阳在第二个维度上是比较典型的 N（直觉）特质，他比较强的功能在于脑部的想象和推理，五官功能（S）尤其是嗅觉和味觉上并不发达，这是他从事咖啡师这个职业倍感吃力的原因所在——也就是说，陈阳本人其实在生活中就不是一个特别注重物质享受的人，他对吃喝并不讲究，反倒是他的优势在于总能有些出其不意的想法。

这个时候，陈阳其实有两个选择：一是如果咖啡师这个职业有他想要的价值，那么陈阳需要提升的，恰恰是自己的五官功能，例如多去品鉴咖啡，多去学习这部分的知识，多积累实际经验，慢慢适应这部分工作内容；二是如果咖啡师这个职业没有他想要的价值，那么则需要重新对这个职业进行考量了。

想要进一步做出选择，就需要从陈阳的价值观维度着手进行分析。

在价值观维度，陈阳坦言自己除了追求人际关系的简单自由之外，更看重薪资收入，但很显然，比起策划工作，除非未来能自己开一家咖啡店，否则单纯的咖啡师工资并不高，有在咖啡师领域中积累摸索的时间，倒不如重拾策划行业，毕竟后者是自己更为拿手的，也是更容易看到收益的。

既然价值观维度上，策划工作更能满足陈阳的需求，那么陈阳之前辞去策划工作的原因到底是什么呢？

回顾陈阳之前的策划工作，原来是在遇到新旧领导更替的当口，由于陈阳不太能够主动表达和表现自己，导致人际关系阻力重重，进而影响到了工作局面。因此在身心疲惫的时候，陈阳过分放大了这部分的感受，并以此认为，自己更适合学习一门手艺，做份与世无争的工作。没想到真做了之后，才感受到什么叫作"力不从心"。

认识到自己特质之后，陈阳追悔莫及：如果能够早一点认识到自己的特质，就不必如此鲁莽行事，完全可以通过提升自己职场中主动沟通的意识和能力，改善之前的工作局面，而不是彻底否定自己之前的工作，切换到一份完全不擅长的领域中。虽说是一份难得的体验，但是失去的时间永远无法回头。

鉴于陈阳之前已经离开了先前的行业转行做了咖啡师，那么最为稳妥的发展之路，莫过于从现在的咖啡行业入手，干回自己策划的本行，继续将自己的特质发扬光大。

3. 总结

通过上面的描述与解析，我们每个人的思维或行为都会具有一定的倾向。在迈尔斯·布里格斯职业性格类型中，将人的特质分为四个维度，分别是：外倾（E）和内倾（I）、直觉（N）和感觉（S）、思维（T）和情感（F）、判断（J）和知觉（P）。

认识特质的目的，并不是在于简单粗暴地判断自己"你适合什么工作或职业"，它的真正意义在于，你进行职业选择或决策的时候，甚至是在工作或生活过程中，能够更好地认识自己，并根据角色要求，适当进行调整或提升，从而让自己和工作适应得更好，或者做出更为明智的决策。

如果你发现，你当前的工作内容与你的部分特质不符，你可以：

（1）从价值观维度排查，如果这份工作有你想要的价值，先不要急于切换职业轨道，而是要从能力维度进行分析，看看如何提升能力，才能让自己更好地适应当前的工作。

（2）如果经过分析，你发现这份工作没有你想要的价值，那么则需要运用"职业三环图"，结合你的专业背景等综合因素，搜集相关的职业信息，做出理智的职业决策。

第三节　制订你的行动策略

从我们的咨询经验来看，对很多人来说，想要制订理性的行动策略，最主要的前提之一就要是对自己的能力情况做个全面的认知和梳理。

那么，我们该如何梳理自己的能力呢？

1. 工具

这里给大家介绍个好用的工具，这是我们按照前面的思路和流程自己总结归纳的，我们把它称为"能力图"（如图 2-2 所示）。

优势区	
弱势区	
提升区	
动机水平	
特质	

图 2-2

2. 使用方法

首先，让我们回顾下能力的三个部分。

能力分为知识、技能（专业和通用）、才干。知识指的是你知道的，通常可以用学历、专业背景、证书等进行证明，表明你接受过系统的教育和培训，在理论方面是没有问题的。技能指的是你会做的，包括专业技能和通用技能，专业技能是指你所从事的行业或领域，要求从业者具备专业性较强的能力，具有一定的专业壁垒；通用技能则是在很多行业及领域中都能用到的，详见第一章第四节中给到大家的常见通用能力清单。才干指的是持续优秀的表现，可以理解为你能够持续优秀表现的能力。

其次，能力图里的能力，主要指的是技能和才干，因此，只需要就专业技能和通用技能进行区分即可，看看哪些是自己的优势能力，哪些是自己的弱势能力。

在评估能力的时候，一定是自己知道且用过的能力。对于自己没有用过甚至没有听过的能力，则不具备现实评估依据，不在评估范围，可以自动排除。

最后，结合自己所在的行业及岗位，看看还需要提升哪些能力，将这些能力填入对应的区域。

3. 案例

咨询者孙婷是一家培训机构的讲师。入行三年多以来，孙婷的工作热情渐渐褪去，而培训机构的前景也不明朗，自己不知道要不要继续留下，如果不留下，又能去到哪里。

首先，我们需要对孙婷的价值观进行排查，看看这份工作能否给到孙婷想要的价值。

经过排查，发现孙婷对这份职业的价值还是比较认可的，比如，这份职业能够让自己获得还不错的薪资报酬，上班时间相对自由（机构不要求坐班），又能获得学员的正面反馈（成就感）。而孙婷口中的"前景不明朗"，是因为机构面临教学方式的转型与改革，这是教育培训业整体面临的挑战，并不是她所在的机构独有。因此，从价值观维度考量，孙婷还没有达到迫切需要离职的程度。

其次，借助能力图，对孙婷能力进行了整理（如图 2-3 所示）。

借助这个能力图不难发现，孙婷面对机构转型的关键时期，出现了"力不从心"的感觉：由于自觉吃力做不好工作，直接影响到授课信心和态度，家长和学生的反馈就没以前的好，于是各种压力和批评朝她这里袭来。

优势区	执行力、时间管理、多任务管理
弱势区	销售、说服
提升区	专业知识、授课能力
动机水平	亲和动机、成就动机
特质	内倾（I）、感觉（S）、情感（F）、知觉（P）

图　2-3

孙婷之前没有经过系统梳理，一直认为是外部环境出了问题，认为只要换个工作就好了。事实上，她的专业知识及授课能力还需要进一步提升，才能真正适应未来形势发展的需要。同时，她的动机水平是没有问题的，至于培训老师可能会承担的销售任务，根本上是源于课程及自己的信心。孙婷所在的机构还是行业较为知名的机构，对于这一点，孙婷倒是内心认可的。

从特质部分来说，孙婷的感觉特质在这份工作中具体的表现在于，做事认真细致，对于细节问题比较敏锐，因此在时间管理和多任务管理方面，具有出色的表现；而具有知觉特质的她在这份工作中同样能够调动出自己的判断（J）功能，基本上都能按时出勤，很少迟到早退；只不过情感特质让孙婷在关键的时刻，往往忽视了客观事实，容易陷入自以为是的境地；而内倾特质又让她缺乏主动表达和沟通的意识，所以在工作中很难发现真正的问题，她总是活在自己感觉的世界里，差一点做出了错误的判断和决策。

最后，借助能力图，孙婷彻底明白了自己的问题所在，她的能力方案也非常明确：

进一步夯实专业知识，利用业余时间将这部分知识进行回炉；多利用网络资源，研究名师上课的成功经验，总结出他人的方法为己所用；提高 PPT 制作水平，悉心打磨课程，争取提升学生的上课感受，好为进一步的续课奠定基础，等等。

做完了这一步，孙婷感觉轻松了很多。对于未来，比起之前模糊的自以为是，如今有了具体明晰的行动步骤，孙婷不再莫名紧张与不安了。

4. 总结

首先，想要制订行动策略，能力图是一个非常重要的工具，能够帮助你系统梳理你的能力情况，找出差距和不足。其次，结合前面提及的动机水平和特质，再结合能力做进一步分析，看看意愿层面是否存在问题，如果意愿层面没有问题，接下来就是具体的提升策略了。

当然，这一切的前提依然落在了价值观维度：如果这份职业有你想要的，那么能力图能够帮你进一步认清现实情况，做出具体的行动方案；但如果这份职业没有你想要的，那么这能力图的作用就极为有限了，你需要从职业三环图入手，重新排查适合自己的职业方向。

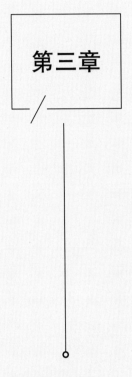

第三章

方法：

如何切实有效地提升能力

能力是很多职场人遭遇职业问题的重要根源所在。

通过前面几章的阐述，为了更好地理解接下来的内容，我需要和你达成这样一个共识：人格特质和能力没有必然的联系。

就像前面举例说明的那样，诸如一个内向的人，不代表他就一定不善言辞。事实上，通过前面的分析，从专业角度来说，内外向指的是一个人的能量向何处释放的问题。

通常来说，内向的人往往更倾向于关注自己和内在的世界。只要他们愿意，是完全可以正常社交的，以及去进行公开演讲及表达。内向更多指的是，在无压力状态下，内向者更倾向于独处，对他而言，这种无疑是最自然、最舒适、最放松的状态。

如果你武断地将内向等同于表达能力欠缺，显然是混淆了能力和特质。如果单从表达能力和技巧方面考虑，很多具有外向性格的人也有不擅于表达的。表达是一种能力，和内外向的人格特质没有必然的联系。

在大众的认知里，总把内向等同于不会说话。事实上，不是内向的人不会说话，只是他们认为没这个必要。比如：通过《奇葩说》走红的辩手颜如晶，就是典型的内向人格特质，但这丝毫不妨碍她在辩论的时候神采飞扬、字字珠玑；美国前总统林肯也是内向的人，但照样可以发表激动人心的演讲；因《哈利·波特》中的赫敏一角成名的艾玛·沃特森也是一个内向的人，在节目中，她就坦言自己不喜欢舞会，接受《新秀》杂志的采访时，她说："其实我本来就是这么一个内向的人，我不是有意识地管着自己不出去玩，我本来就这样。"但毫无疑问，她在表演及演讲方面的成就也是有目共睹的。

所以，能力不足就是不足，不要以人格特质作为遮羞布及借口。

因此，正是太多的人误解了能力和特质，导致他们对于很多能力的认知上出现了偏差。他们常常说："我是个理性的人，所以我情商低说话直。"事实上，他们说话直和理性与否没有必然的关系，那是他们的理解能力和表达方法上出现了问题。他们常说："我是个内向的人，所以我不擅长和人沟通。"是否擅长沟通取决于他的沟通意愿和能力。如果有意愿依然沟通不畅，可能是他的沟通能力出现了问题。他们常说："我性格活泼开朗，所以做事无法专注。"专注是需要刻意练习的，并不是天生就有的能力。他们常说："我感觉我偏情感特质，所以情绪总是容易失控。"情感特质指的是做决策的方式，而情绪容易失控，如果排除心理问题，很可能是情绪管理的能力出了问题。他们常说："我大约是知觉偏好，所以我的时间观念淡薄。"知觉特质指的是生活方式，不是指工作表现。缺乏时间观念有可能是做事意愿出了问题，也有可能是时间管理能力出了问题。他们常说："我不太会处理人际关系，导致工作总是受阻。"职场中的人际关系更需要管理，同时还需要加强对自我及对他人的认知，才能知己知彼，形成良好的人际关系。他们常说："不知为何，我的执行力很差，领导也总是批评我，但是我觉得已经很努力了，是不是我特质方面有些不匹配？"执行力有可能真的和特质有关，不过也是可以通过刻意调整进行提升的。

从我这边经手的职业咨询案例来看，以上这七种能力的匮乏，才是很多人的困惑所在。

很多时候，我总会遇到一些来访者，他们向我询问这样一个问题：有没有一种方法，可以保证永远不失业？

答案是：没有。

但是，有一种方法可以让你在失业后也能很快找到下一份工作。这种方法就是，构建一种胜任大部分岗位的能力和知识体系。而在能力的构建中，由于专业能力不同，行业要求不同，就不展开叙述了。

从我经手的职业咨询案例来看，有这七种底层的通用能力是值得我们关注的，分别是：情商、沟通能力、坚持力、情绪管理能力、时间管理能力、人际管理能力、执行力。

在这一章里，我们将职场中这七种常见的底层通用能力进行剖析和解读。这些分析解读都是建立在我经手的职业咨询案例基础上的个人见解，希望能给你带来一定的启发和帮助。

第一节　高情商的修炼秘籍

高情商又被称为"情绪智力"，主要指的是人在情绪、情感、意志、耐受挫折等方面的品质。在现实中，高情商者擅于控制自己的情绪，任何时候都能做到头脑冷静、行为理智，能够及时化解和排除自己的不良情绪，胸怀豁达，性情开朗。

他们是如何做到的呢？

想要弄清楚这个问题，我们需要明白一点，那就是高情商不代表一味的"好说话"。甚至有些人在遇到一些事情的时候，表现得不那么好说话，这也是高情商。

高情商的核心关键到底是什么？

在我看来，高情商的核心要素在于四点：价值驱动，目标导向，合理预期，策略有效。

1. 高情商的四要素及修炼方法

（1）价值驱动

所谓"价值驱动"，指的是在事情发生的时候，我们不妨评估这件事或者事情当中的人对我们到底有什么价值。我们可以根据价值的大小，再去采取不同的策略。

举个简单的例子。如果你在大街上闲逛，突然有个陌生人莫名其妙地对你破口大骂，你会如何反应？按照人的防御本能，往往会开怼，免不了一场口舌之战。但如果我们从"价值"角度考量，陌生人当街骂你这件事，以及骂你的这个人，对你有什么价值？而这种价值是否值得我们开怼？

如果这个人开骂的时候，言辞毫无逻辑，甚至混乱，你都听不明白对方在说什么，就是非常莫名其妙的那种情况下开骂，你不妨从"价值"角度考量：对方的叫骂既然毫无逻辑也毫无缘由，很有可能是对方的问题，最常见的原因要么就是有精神疾病，要么就是对方今天心情不好，恰好看你不顺眼对你开骂。如果是这两种情况中的一种，则这件事情对你而言并没有什么价值，因为对方骂什么你都听不清，也就无所谓什么"人身攻击"了；而这个人你压根不认识，也不是你在意的。此时，你大可以转身走开，不是去刻意回避，而是你时间宝贵，犯不着和这种对你毫无价值的人和事纠缠。

这就是"价值驱动"思维。

当然，大街上陌生人对我们爆粗口的现象实在非常罕见，即便碰上了我们也会避之不及。然而在网络世界中，这样的事就屡见不鲜了。

之前有个咨询者小美，在咨询过程中，和我说了一件让自己倍感苦恼的事情。

原来，小美曾经在网上为自己的偶像说了几句话，结果遭到其他人的语言暴力。这让她感觉糟糕极了，并且越想越觉得委屈。她在网络上也试图给自己辩解，但没想到的是，越辩解对方火力越猛，给到的回复越毒。这让小美连续好几天上班都没有心情。

通过这件事情可想而知，小美在职场中的情商也让人堪忧。当我把这个察觉告诉小美的时候，果不其然，小美反映领导和同事都说过自己情商有待提升，这让她很苦恼，但不知道该如何提升。

我告诉小美，想要提高情商，首要的是在遇事的时候做到理性冷静，而重要的一步，就是要具有"价值驱动"思维。要知道，有些事情根本不值得我们调用"情商"。

在遇到事情的时候，不妨问问自己：这件事情对我有实际意义上的价值吗？这件事里的人是在我看重的价值范围内吗？处理好了这件事，对我的生活或者工作而言有价值吗？如果这三个问题中，有2~3个的答案都是否定的，也就意味着从价值维度考量，这件事对你没有任何价值和意义，你根本不需要动用"情商"，大可以采取"冷处理"的方法。

放到小美遭遇的情境来说。网络上，小美因为帮偶像说了几句话遭到其他人的"炮轰"，从这三个"价值"问题来看：这件事情本身和她无关，对她的实际价值不大；这件事里的偶像倒是小美看重的人，对她有一定的价值；即便在网络上和那些人吵赢了，对小美的生活或工作并不能带来实质性的价值。因此，对于小美而言，从价值角度考虑，既然没有什么价值，犯不着和网上的人开怼，搞得自己怒气冲冲，反倒是影响了自己上班的心情。

这个时候，如果该网络平台有评论删除或屏蔽功能，大可以启用这些功能，屏蔽几天评论，误不了什么事情，等过几天消停了之后，再恢复评论功能。这就是"冷处理"——暂时让自己离开这些情境，不被这些言论干扰，保持正常的心情面对生活或工作，等事情过去了再说。

（2）目标导向

所谓"目标导向"，是指我们在面对工作或生活当中的问题时，想要给予妥善解决，就需要不断地思考一个问题：我想要达到的目标是什么？

来访者小陈是一名销售人员，他每天都要面对大量的客户和问题，有时候常常牺牲自己的休息时间回复，但奇怪的是，即便如此卖力，业绩依然平平。有客户和公司反馈说，小陈的情商不行，回答问题往往不在点子上。

小陈为此懊恼不已，便前来向我求助，他怀疑自己是不是在性格方面不适合做销售。

经过排查，销售工作有小陈想要的价值，同时根据小陈的知识及能力情况来看，并没有其他更好的选择。因此，最终咨询的重点放在了能力提升部分。

我给予小陈的建议就是，在面对客户提问题的时候，需要建立"目标导向"思维。要弄清这些提问的客户哪些是准客户，哪些是意向客户，哪些是意向不明的客户。对于不同类型客户的提问，要采取不同的回复。但回复之前务必搞清楚，你想要达到的目的是什么。

通常说来，我们在应对工作场景中的问题时，不妨用这样的"目标导向"思维考量：对方是想达到什么目的？我希望达成什么目的？在兼顾双方目标的基础上，可以用什么样的策略进行回应？

举个例子来说。

在小陈平时的工作内容中，有相当一部分是解答客户的困惑。并不是所有客户的困惑都需要细致解答的。有些意向不明的客户，可能那个时间段恰好比较闲，所以问东问西，并不是非常迫切需要解决问题；意向明确的客户提出的问题往往是比较具体的，甚至涉及一些细节，这些问题更需要考虑客户的顾虑且想好周全专业的回复，再予以解答，不能随便回复；对于即将下单的准客户的问题，就需要重视回复的时效性了，尽量做到"秒回"，方能传达必要的重视和尊重。

如果我们都能以"目标导向"为做事的准绳和依据，是不是少了很多不必要的情绪消耗呢？没有了情绪消耗，我们就能冷静下来，去分析事情的主次和对策，工作效率自然也会获得有效的提升。

事实上，我们每个人每天面对和处理的人际关系说起来并不复杂，无非两大类，一类叫作"亲情维系"，一类叫作"利益维系"。

亲情维系的关系是指以亲密关系为代表的他人以及由此衍生的关系。例如，夫妻关系、家长与子女的关系，等等。这一层关系并不是依靠理性与逻辑去处理的，它是以情感为纽带，再理性的人在家人面前，都会流露出感性的一面，这不在我们职业的讨论范围。

利益维系的关系是指以利益为基础构建的社会关系。例如，同事关系、客户关系，等等。这类关系注重的是利益，最终希望达成"合作共赢"的局面，因此，并不存在所谓的好坏，只要不违背法律规范。越理性的人越能从容应对这层关系，越不容易受人影响。

（3）合理预期

所谓"合理预期"，包括两层含义：一是你对他人的期待是否合理，二是对方对你的期待是否合理。

举个生活的例子说明。

现实中，婆媳关系是世界上公认的最难处的关系之一。究其原因，很多时候就是婆婆和儿媳妇对彼此存在不合理的期待。比如，婆婆希望儿媳妇能够温柔贤淑、做的一手好家务，还要能把老公伺候得舒舒服服，又不能吃闲饭，需要在外上班赚钱等。这里面，不就存在不合理期待吗？

如果你希望你的儿媳妇在外上班赚钱，可能对家庭就没法做到你心中的"无微不至"，所以这个时候，如果你这个当婆婆的能够多体谅和理解儿媳，不要对她苛求太多，多去忙自己的事情，你心情好了，儿媳妇心情也就好了，岂不"皆大欢喜"？

如果儿媳妇上了班，让婆婆过来带孩子，她希望婆婆能够把孩子照顾得体贴周到，还能够接受时下最新的育儿观念"科学喂养"，还希望下班后，婆婆能把饭菜做好并且不重样等。如果是这样，这里面也存在"不合理期待"。

带过孩子的妈妈们应该清楚，一个人在家带孩子绝对要全神贯注一刻不得松懈，常常只能顾得上把孩子喂饱，自己能不能吃口饭菜都很难说，又如何能苛求对方既带孩子还要做好全家人的饭菜呢？

与此同时，儿媳妇更要摆正关系。是婆婆帮你带孩子，老人家用自己习惯的方法本身无可厚非。如果这个习惯对孩子实在不好，那么你和声细语和婆婆说清楚就好。如果不是涉及原则性的问题，既然她是在帮你，你就要学会"合理期待"，不要苛求太多。

放在职场中，很多人的人际关系出现问题，是不是也有这方面的原因呢？

比如，在职场中，有的人会习惯让同事帮忙。如果你恰巧是他的"同事"，假如你欣然接受帮了他，对方可能会觉得你好说话，既然你能帮他一次，就理所应当帮上第二次、第三次……直到有一天，你终于忍不了了，你开始尝试拒绝他的请求，但发现你们的关系似乎渐渐破裂了。

这里就要谈及一项至关重要的工作，叫作"期待管理"。

要知道，之所以别人能够对你颐指气使，是因为你让对方对你产生了"不合理期待"。有句老话说得好，拒绝要趁早。如果对方的要求是你做不到的，或者非常勉强的，那么在第一次的时候不妨就委婉拒绝。

如果同事找你帮忙，这个忙也是你能够做的，恰好你也没事，当然可以帮忙，不过请务必加上一句："好的，正好我这个时间有空，那我就帮你一次。"（一定要把话说清楚，是"帮你一次"）。这样一来，如果下次对方还让你帮忙，你恰好没空，就可以说："实在不好意思，上次正好我有空就帮了你一回，这次真的没有空所以帮不了你了。"是不是顺理成章了很多？

因此，在职场中，我们要学会"合理预期"。

首先，我们要学会对他人抱有"合理期待"。例如，在人际关系中，如果你之前没有对这个人有过"情感储蓄"，那么在一些模糊的事情里，你就不要对对方报以过高的期待。

其次，我们要学会管理他人对我们的"期待"。如果他人的要求对你来说是不合理的，可以尝试主动表达，而且有些话务必说在前头，给自己未来留有余地。一旦我们理顺了彼此的期待，那么人际相处就会简单许多，情绪自然会平复很多。

（4）策略有效

所谓策略有效，指的是言语、行动对于这件事或这个人来说，是最快最简便的，且能让对方欣然接受。

事实上，每个人都有感性和理性的两面。一般来说，在无压力和放松的状态下，我们可能就会很习惯"感性"的一面。比如，我们会在亲密的人面前撒娇，有时候也会显得不那么讲理，因为这个时候，我们注重的是感受层面，而不是道理层面。而如果在压力状态下，比如一个突发情况，或者你被他人激怒了，这个时候，你的"理性"功能可能就会被激发，你特别想和对方把这个道理辩论清楚。

在人际关系中，很多人分不清对方的状态，用"理性"策略对待"感性"状态的对方，用"感性"策略对待"理性"状态的对方，效果自然南辕北辙。

说个真实的故事。

咨询者张婷是一名培训机构的课程顾问。有一回，培训机构打算调整孩子们的放学时间，就让张婷在群里征集家长的意见。对于培训机构来说，调整时间倒是方便了他们的工作安排，所以培训机构的意向很明显，希望家长们都能支持这次的时间调整。所以在群里，张婷并没有逐一征求家长们的意见，她只是私底下问了几个她认为可能支持这项举措的家长。毫无疑问，被问到的家长都同意调整时间。于是当天傍晚，张婷就在家长群发了一则时间调整的通知。有个家长 M 看到了，觉得很奇怪，就向张婷询问情况。沟通中，M 表示自己这段时间非常紧张，如果时间调整了，她就更没法安排接送孩子了。这个阶段，M流露的是不满的情绪和感受，也就意味着，这个时候的M处在"感性"层。如果张婷能够及时察觉到这一点，可能就不会有后面的波折了。

显然，张婷作为一名职场新人，对该类事情缺乏处理经验。张婷当时直接把自己和几个家长的对话截图发给M，告诉她调整时间这件事情是征求了大家的同意的。张婷似乎想用"摆事实、讲道理"的方式，让M能够平息怒火。但这一举动不仅没有让M平息怒火，反而激怒了M。M开始和张婷论起了道理。

站在M的角度，确实是占理的：张婷问的是部分家长还是所有家长？如果是部分家长，怎么能代表所有人的意见？如果是所有家长，我为什么没有收到你的消息呢？这件事张婷真的没有问题吗？

M的反应让张婷彻底懵了。看见张婷不知所措，M提出让张婷的领导和她沟通。张婷领导了解到情况之后，首先对M表达了歉意；其次和M表态，第二天一定全面征集家长的意见再做定夺；最后给予了M一定的补偿，赠送给M的孩子一些课程，等等。

经历过这件事情的张婷真正意识到，自己在工作上真的存在很大的不足，感觉自己的情商太低了。

你是否发现了张婷的问题？没错，张婷错就错在策略上了，简单来说，在对方和你讲感受的时候，你非要和对方讲道理，实在大错特错！

如果对方是在宣泄情绪表达感受，这个时候他是"感性"的，他需要的不是事实也不是道理，而是你的态度，以及能够理解他之类的表达；如果对方在摆事实讲道理，这个时候他是"理性"的，他不需要你表达理解之类的示好，而是需要你用事实和他进行沟通。

放到张婷的案例中。

在刚开始，家长 M 和她询问为何调整时间的时候，张婷的回复最好类似于："别着急，某某妈妈，您的心情我能理解，这样，我帮您问问是怎么回事，一会儿再回复您可以吗？"然后再如实和领导反映这件事情，听听领导的建议。张婷也可以直接承认自己当时征求意见的时候有所疏漏，第一时间撤回通知，并对给 M 带来的不好感受表示歉意，再去考虑如何进行下一步的工作，等等。

2. 总结

通过剖析，我们发现高情商实则可以分为四个部分：价值驱动、目标导向、合理预期、策略有效。

在工作中，我们需要站在价值维度考量这件事或这个人是否值得我们动用情商，如果不值得，大可不必理会。如果值得，再去进行第二步，审视你的目标。你接下来说出的话、做出的行为想要达成什么目标？在这个目标导向下，你可以将自己需要面对的利益群体做哪些划分，如何分配时间，如何应对，以达到你的目标？

在沟通过程中，别忘了合理期待。既要对他人报以合理期待，也要做到"期待管理"，让他人对你有合理期待。

策略层面，你需要分析对方的状态是处于"理性"还是"感性"，再酌情予以相应的回应，达到良好的效果。

如果你还在为自己的低情商倍感苦恼，不妨按照这四个方法，实践一个月，看看有什么欣喜的变化吧！

3. 关于高情商的常见问题解答

高情商和人格特质有关吗？这是不少来访者的共同困惑。

他们中有的人觉得自己说话冲，容易得罪人；有的人觉得自己无法体会到说话者的言外之意，感觉这方面特别不擅长；更有的人感觉自己遇事容易冲动，总是做出事后后悔的言行。

他们都会问我这样一个问题："老师，你说我能提升高情商吗？高情商到底需要怎样的特质啊？"在我看来，这真的和特质没有必然的联系。

（1）外向的人情商一定就高吗？

我们不妨看看前面章节里关于"外向"（外倾）特质的定义：外向的人倾向于将注意力和精力投注在外部世界、外在的人、外在的物、外在的环境等。因此，普遍说来，外向的人往往给人感觉热情，能够和人迅速建立联系。但这种"自来熟"未必就代表情商高。

而且外向特质的人，容易受外界的人和事影响（注意力和精力投注在外部世界），有时候会对自我探索不足，所以，如果没有学会前面的方法，遇事容易被人带偏，情绪也很容易起伏不定。

（2）思维特质的人在情商方面有天然优势吗？

我们说思维和情感特质，指的是一个人的决策方式。如果一个人在决策时常常根据对客观事实的分析，一以贯之地贯彻原则

096 ▶ 能力突围：职场加速成长的底层逻辑和方法

或规章制度，则是"思维偏好"。

那么，这种思维偏好是否意味着高情商呢？我们要看对结果的达成上是否有助益。

我们要清楚的是：思维特质指的是决策方式，不代表这个人一直理性，也不代表这个人没有感性的一面，即便一个擅长用理性思考和分析的人，他是否能够搞清楚问题的关键并对症下药，才是"高情商"里最核心的部分。

举个例子来说。

如果一个一贯冷静理性的人，喜欢讲原则说道理，放在一些职业情境中，他的这种特质或功能就能得到较好的发挥，从而给人一种情商高的感觉；但如果放到其他职业情境中，未必管用。

曾经，我遇到一位咨询者王华，她说起自己的工作可谓"槽点满满"。

原来，王华当时是在一家公司的售后部工作，而她说话办事比较依赖规章制度及原则性，所以在处理售后纠纷的时候，显得死板有余而灵活不足。而更麻烦的在于，她似乎总是"就事论事"，对客户情绪不敏感，而在他人情绪用事的时候，王华试图说事实讲道理，显然只会激怒对方，将事情引向更糟糕的结果。

一味地依据事实理性至上，并不能保证好的结果，和"高情商"没有关联，因为从我的咨询经验来看，高情商是一种能力的体现，这种能力最终的导向，一定是结果而非其他。也就是说，如果你能够采取高效的方式达成目的，从而获取好的结果，这种能力是高情商的体现，例如，有人需要呵斥才能冷静，有人需要安抚才可以平静，有人还可能需要"冷处理"才能慢慢缓过神来。

不论是呵斥、安抚还是"冷处理"，在我看来，只要能够对结果有利，且对这个人有效，就是"情商"功能的体现。

所以，"高情商"并不等于"脾气好"，更不等于"从不发火"，要具体到事情具体到人，才具有衡量和判断的标准。

所以，情商高和特质并不存在绝对的关系，最主要的在于，我们需要按照一定的方法去练习（比如前面说的四大要素，不妨在实践中仔细体会），通过面对不同的人处理不同的事，才能渐渐有所心得，提升这部分的能力。

第二节　沟通力提升的关键

在职场中，有人总结出成事的两大要素：一是要看什么事，二是要看谁去做。事情本身不难理解，难度大自然不太容易成。但更多的时候，你会发现，即便同样一件看似不难的事情，给不同的人做，得到的结果却截然不同。

比如沟通。在职场能力中，沟通能力是很多人不屑的能力，在很多人脑海中，但凡能正常说话的人，就会沟通。

事实上完全不一样。你能张口说话，不代表你擅长沟通。

1. 沟通能力的核心要素及提升关键

想要真正了解沟通能力这件事，就要从沟通的构成要素说起，如图 3-1 所示：

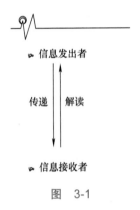

图　3-1

从图中不难看出，一次沟通至少涉及两个主体，分别是信息发出者和信息接收者。发出者将想要表达的信息传递给接收者，接收者会对此信息进行解读，再反馈给发出者，一次沟通过程就这样完成了。

可别小看了这个过程，这里面有这几个环节最容易出问题：

（1）信息发出者在传递过程中，使用的言语／非言语方式。

（2）信息发出者和接收者是否具备差不多的知识背景、人生阅历及理解能力等。

（3）信息接收者在处理信息的时候，是否掺杂了主观因素，例如根据自己的过往经历及感受做出有违信息发出者本意的解读和判断。

（4）信息发出者或接收者在沟通的时候是否处于合适的状态，比如，有没有夹杂情绪的表达，有没有触犯到对方的界限，是否开启进攻／防御模式。

因此，一次有效的沟通，要求信息发出者做到：

第一，表述时用词精准恰当，尽量少用其他有干扰的非言语信息，例如，不正视对方，带有不耐烦的语气，声调偏高，等等。

第二，评估信息接收者的知识和能力水平，尽量用对方听得懂的表述让对方理解。

第三，留意对方的反馈和状态，如果对方开启了防御模式，出现了阻抗等情绪，实则是不利于沟通效果的。

信息接收者需要做到：

第一，不加判断地倾听对方。

第二，读懂他人感受和需要。

第三，观察信息发出者的情绪状态，给予适当回应。

为了方便阐述，我们举个例子加以说明。

2. 情境分析

腾讯有一档求职节目《令人心动的 offer》。我们就以第三期邓冰莹初会委托人为例进行分析和探讨。

实习生邓冰莹和梅桢的委托人是一个遇到婚姻问题的女士。这位女士和一个男人在拉斯维加斯结婚，后来发现对方早已在国内结婚。她要求以"骗婚"为由向对方索赔 300 万。

对于《令人心动的 offer》第三期邓冰莹的表现，正如事后王律师对她分析的那样，她主要犯了"不会换位思考"的错，导致询问没有达到预期目标。

那么，正确的倾听步骤是怎样的呢？

结合《非暴力沟通》和《关键对话》这两本书，有人总结出三个步骤：

第一，真诚地听，不要给任何反馈。

很多人在遭受痛苦时，需要的并不是安慰，甚至也不是建议，而只是一双耳朵，不带任何分析和判断，静静听自己诉说就好。

《非暴力沟通》一书是这样描述的："试图分析问题妨碍了我们与他人的联系。如果我们只关心别人说了什么，并考虑他的情况符合哪种理论，我们是在诊断人——我们并没有倾听他们。"

所以，倾听的第一步，恰恰是放下所有的分析和评判，只安静地倾听对方。

第二，读懂他人真实的感受和需要。

当别人已经倾诉完，我们不必急于回应，《非暴力沟通》给出的建议是：不论别人以什么样的方式来表达自己，我们都可以用心体会其中所包含的：

观察、感受、需要、请求。

第三，给予正确的反馈。

当完成了上述两步之后，我们要主动给予反馈。通过反馈，我们才能知道我们的理解是否正确，对方才能对我们不正确的理解给予纠正。

而在反馈层面，最好的方式应该是"询问式"，即用疑问句向他人给予反馈，便于他人做出必要的纠正或补充。

我们的问题可以集中在这几个方面：

他人的观察："上周三我有个晚上不在家，你说的是这回事？"

他人的感受及需要："你很灰心？你希望得到肯定是吗？"

他人的请求："你是不是想请我帮你预订酒店？"

只有通过询问，才能鼓励人们主动表达真实的自己。显然，邓冰莹犯的错误就在于，她没能读懂他人真实的感受或需要。

要知道，作为一名婚姻受害者，这位女士还沉浸在痛苦的情绪里，很敏感。而邓冰莹的表达太过直接。最明显的在于，在确认"事实婚姻"是否存在证人证言时，她连续追问："中途的时候他有带你去过他的家里吗？有见过对方父母吗？""他有没有带你见过他的朋友，他的朋友当时有没有提及他可能已经已婚的这些事实？""所以他已经结婚的事情，你一直都不知道的？"

一开始委托人还能正常回答，听到这个直接崩溃了，哭着说："我要是知道，我怎么可能跟他结婚？"最后委托人直接表示："我不想再回忆这些东西了。"

很显然，邓冰莹的沟通方式让对方产生了抵触心理，这就是在这个环节欠缺正确的方法，导致用力过猛，达不到预期效果。

如果按照我们刚才提到的步骤，邓冰莹可以这样层层递进地进行询问：

看得出来，你遇到了这样的事情，确实很痛苦。（观察）

我非常能够理解你的感受，换作是我，也会很痛苦。（感受）

因为能够体会你的痛苦，所以我们需要通过这些事实，去帮你认定这个属于"重婚罪"，这是保护你的。（需要）

这里面涉及一些"证人证言"，一般"证人证言"是从几个渠道获取的。不过我觉得，如果你能给我们提供一些证词，显然能够帮助我们更全面地了解事实。（请求）

如果对方回答"我能"，那就可以继续往下接着沟通。

所以，沟通能力真的不是很多人想象的那样简单。而在现实中，绝大多数岗位要求的专业知识和技能只占据一部分，还有相当一部分考验的恰恰是通用能力，例如沟通能力，后者在很大程度上影响着你的专业技能能否更好地发挥，能否顺利地推进事情的进展，等等。

那么，该如何提高沟通能力呢？

3. 方法

提升沟通能力的方法主要有：

通过阅读相关书籍，获得间接经验。书本是我们获取经验的重要途径。因为时间精力有限，我们不可能任何事情都去获取直接经验，所以，书籍作为最主要的媒介，可以有助于我们学习到间接经验，从而通过实践不断运用和强化，最终内化成我们自己的能力。

有意识地加强语言表达能力，做到用词精准没有歧义。你可以利用业余时间多去参加线下学习和分享，不仅能锻炼自己的胆量，而且还能够获得他人反馈，便于进一步调整自己。与此同时，也可以利用业余时间做些读书笔记，目的是理解书中内容，同时锻炼自己的思维能力，从而提升自己的沟通能力。

在沟通之前，观察总结出对方的特点，再去有针对性地沟通。

在前面章节谈及的特质部分里，有些人在压力状态下习惯了理性的思考及行为方式（思维型 T），有些人却是情感偏好（情感型 F）。

　　如果你现在有项重要的工作需要和对方沟通，要求对方在一定的期限内交付某项工作，而此时你的沟通对象属于思维型特质，你选择条理清晰、简洁的沟通方式会更加高效。比如，你可以明确地告诉对方要交付什么、几点完成、需要达到的要求，等等，信息越明确越好。

　　因为思维型特质的人越是在压力状态下，就越擅长理性分析，所以这个时候，不太需要你照顾他们的情绪。他们本来没有什么情绪，只需要把事情说清楚就好。

　　但如果你面对的是一个情感型特质（压力状态下较为注重个人感受）的人，可能沟通方法就要斟酌了。你直接告诉情感型特质的沟通对象，要交付什么、几点完成，以及需要达到的要求等，可能会让对方感受到巨大的心理压力。如果这名情感型特质的人懂得主动表达倒也还好，如果不懂得主动表达，容易把压力藏在心里，从而产生抵触和阻抗情绪，具体表现为表面上应承，但实际上可能会采用"消极抵抗"方式（例如拖延）来应对，可能会激发你的不满情绪。如果你的情绪较为激动，再对他进行批评，这个时候，他可能就会倍感委屈，耽误工作进度不说，工作效果也会大打折扣。

　　因此，对于情感型员工，你可以考虑"先认可后谈事"的策略。首先，对于他身上的某一点进行认可与赞许；其次，告诉他现在有一项任务很重要，出于对他的信任，这项任务由他负责；最后，再验收工作成果，肯定成绩同时指出不足，希望下次改进，等等。

所以，但凡是沟通，一定记得是两个主体，要知己知彼，同时采用恰当的策略，才能确保沟通的有效。

4. 说明

从我经手的职业咨询案例来看，不少来访者咨询前都渴望寻找适合的转行方向，但分析下来才发现，有些是自己的沟通能力，尤其是人际沟通能力出现了问题。如果这个问题不解决，贸然换个行业的做法（尤其对缺乏专业背景的人而言）在我看来并不值得提倡。切断自己之前的积累，换个行业重新开始，也很可能还要面对同样繁杂的人际关系，甚至有些职业，可能没有你想象的那么光鲜。

在很多女性咨询者中，她们有的认为职场人际沟通太麻烦了，不如考个教师资格从事教育行业，感觉人际关系会简单很多，但实际上，情况没有想象的那么乐观。

如果你想通过考试获取教师编制，首先会有专业门槛要求，尤其是一些不错的学校，并不是谁随随便便就能考上的；即便你真的通过考试获取了编制，你同样要和领导同事打交道，同时，一部分不好管教的孩子背后，更有一部分不好说话的家长；如果你考不上没有获取编制，入职一所私立学校，恐怕这里的压力不会减小，要求也不会降低，毕竟在市场环境下生存，你更需要面对各种繁杂的人际关系；如果你既无法获取公立学校的编制，又进不去私立学校，你可能会考虑进入培训机构，然而，培训机构里的老师，同样要面对领导及同事的关系，以及处理和学员之间的关系，等等。

如此下来，你会发现，与其幻想从事一份完全不需要沟通的职业，倒不如立足本职工作，好好考虑如何提升自己的沟通能力，这才是根本之道。

问题在于，沟通能力和人的特质有没有关系呢？或者说，什么特质的人更擅长沟通呢？

在我看来，并没有绝对的关系，也就说，你可以不想沟通，但需要沟通的时候，你这个能力起码能跟上，不能给你的职业生涯拖后腿。

这里就以内向和外向为例说明。

在很多人的观念中，似乎内向就等于不善言谈，所以就等于不擅长沟通。

事实上，内向者只是把精力和关注点都投注到了内部世界（可以理解为自我）上面，在无压力和放松的状态下，他们更倾向于独处和自我探索，但这并不表示，他们不擅长沟通。

从我接触到的很多内向者的来访者来看，很多时候，他们觉得没有必要说那么多。如果内向者认定对方是自己重要的人，或者今天要处理的是一件对自己而言重要的事情，甚至是自己人生的重要时刻，他们也能够进行非常出色的沟通和表达。

5. 案例

咨询者小静就曾经深受困扰。来咨询的时候，小静表现得有些胆怯。看得出来，这姑娘不是不能沟通，只是内心深处有些深层的恐惧。

原来，小静曾经是一名"留守儿童"，从小在奶奶家长大，由于和父母关系疏离，不太能感受到父母的关怀，所以内心安全感较差。而小静又喜欢把精力和时间放在自我探索上，闲暇的时候，情愿自己看些书，也不太情愿和村里的孩子闲聊，或者做一些在她看来较为"无聊"的游戏。正是因为独处的时间很多，恰恰锻炼了小静的学习能力和观察能力，并且形成了细致耐心的做事风格。

在毕业后的第一份工作中，小静的做事能力深受领导赏识，一年之后，领导有意让她带一两个新人。小静表面上应承了下来，但内心实在没有底，觉得自己不太擅长和人沟通打交道，便前来向我们求助。

我告诉小静，很多内向者的沟通能力并没有人们以为的那么糟糕，他们只是不想沟通，而不是不能沟通。只要多去学习，方法得当，加上日积月累的实践，内向者同样可以在沟通甚至在谈判中获得较高的成就。

我们对小静进行了相关的心理建设。她感觉好多了，并按照我们提供的建议和方法，真的运用到了实践中。她发现，只要自己想去沟通，并且提前做好准备，是完全可以和他人无障碍地交流。渐渐地，她从其他同事那里获得了认可，这让她对自己更有信心了。

所以，不论你是外向还是内向，在职场情境中，请一定多思考你的沟通目的，再去了解你的沟通对象，通过阅读和学习，建构有效的沟通方法，最后通过实践，一定能够逐渐提升自己的沟通能力。

第三节　坚持力要如何养成

不论是提升能力，还是立足当前工作做到极致，都离不开一项重要的品质——坚持力。想想看，多少人的职业发展就是因为缺乏坚持力而半途而废？！

在咨询的时候，我们偶尔也会遇到这样的"死结"："老师，你说的都对，但问题是，我做事常常无法坚持，这到底该怎么办啊？"

我一直很认可一个观点，那就是，在坚持的初期，坚持本身比坚持的事情更为重要。关于坚持的道理，想必大多数人都知道，但不知为何，就是坚持不下去。我们知道要提升能力，我们知道在变厉害的路上，少不了坚持这样东西，可到底是什么阻碍着我们，让我们选择了放弃呢？

想要真正提升自己的坚持力，就不得不从破坏坚持的"关键敌人"入手。不妨仔细回忆下：

当你信誓旦旦想要认真学习并且制订了计划，是什么时候开始选择放弃的呢？

当你发誓每天运动健身并且列出了详细的锻炼时间，又是从什么时候开始放弃的呢？

你也曾买了很多书，打算多少天读一本，但后来又是什么时候，就不再坚持了呢？

一般来说，在遇到无法坚持的情况时，我们不妨从以下三点进行排查：

意愿：是你不想做这件事吗？还是说渴望不够强烈？

很多时候，我们想要坚持一件事，从意愿层面来说不会出现太多问题。比如，我们迫切想要坚持锻炼，达到良好的健康状态，并且很多人还立下誓言，不瘦多少斤不换头像……所以，如果不是意愿层面的问题，就需要从其他层面排查。

能力：是这件事的难度太大，导致我们做不了吗？

倒也不是。你一开始信誓旦旦做的时候，并没有觉得太难吧。因此，如果这件事并没有特别挑战你的能力，还需要进一步探索。

意外：是因为你太忙，以至于没有时间去做这件事吗？

倒也不至于。你在熬夜追剧的时候，怎么就不存在"时间不够"的问题呢？即便今天偶尔有突发情况导致事情做不下去了，明天后天不也可以继续吗？

问题恰恰出在这里，可能就是一次间断。为什么一次间断很容易让我们产生放弃的念头甚至行为呢？这要从"坚持"能力本身进行剖析。

1. 坚持力的核心要素

（1）合理期待

很多时候，从我们信誓旦旦立下目标的那一刻起，就埋下了半途而废的种子。

想想看，你立下的目标里，是不是都暗藏着对自己的高期待呢？比如：不瘦 20 斤不换头像，一年读完 100 本书，今年务必要升职加薪……这里面，哪个不是对自己的高期待呢？

然而高期待会给我们带来一个问题，那就是，我们心理上对自己的期待越高，现实的执行层面就会和期待的差距过大，渐渐地，当你发现自己无法达成期待的时候，一种情绪或感受就会油然而生，这种情绪或感受就叫作"挫折感"。

这就是为什么仅靠决心和毅力，却往往无法坚持的重要原因所在。

高期待下，往往会让人产生"三分钟热度"的澎湃激情，觉得好像一开始，未来就无限光明一般，容易让人产生盲目的自信和冲动。

然而现实打脸。如果你今天因为种种原因间断了，或者坚持一段时间发现并没有达到之前的高期待，你就会对自己产生负面情绪。这些负面情绪中，挫败感是最为强烈的。一旦你开始有了挫败感，接下来你会在自我责备中消耗大量的精力和时间，然后又要用很长一段时间进行自我安抚、心理建设……直到可以接纳这件事情。

如果你一直无法接纳这个事实，你将会陷入自我责备的恶性循环中，直到自我否定乃至对自己的认知固化，认为自己"一无是处""一事无成"，感觉"做什么都无法坚持"，这样定义的结果，就是自己越来越不能坚持，做什么都半途而废了。

所以，给自己设定一个具有弹性的期待，实则是基于对自我坦诚的基础之上的。这也就意味着，你完全可以降低期待。比如你之前从来没有过坚持一件事情的体验，那么可以给自己一个简单的要求即可；比如你想瘦身，不要制订每天跑多少公里的计划，只要每天能够跑一跑，就算完成任务了。

这样会不会轻松很多？

如果你哪天兴致起来了，跑几公里属于超额完成任务；如果哪天外面下雨了，你上楼的时候带上一段小跑也是完成任务；即便哪天你生病在家休息，那就停上几天也没什么大不了。

这种"降低期待"的做法有个显而易见的效果，就是可以最大化降低我们后面的挫败感。这种开始看似没那么"轰轰烈烈"，它有些平淡甚至显得懒散。但别忘了，期待越接近真实越不会有大的落差，也就不会出现一系列因为期待和现实的落差导致的负面情绪。

来访者阿勇当时就是用的这个方法，慢慢建立了自信，渐渐养成了坚持的习惯。阿勇之前和很多人一样，为自己无法坚持一件事感到懊恼不已。后来分析的时候发现，阿勇也喜欢给自己高期待，比如他发誓每天花半小时学习英语，但始终坚持不下来。

后来，结合阿勇的实际，我给他提出的调整方案如下：

每天不间断学习即可，最短五分钟就算完成任务，长则不限；每周给自己两次"免死金牌"，用于突发事件当天未能如约学习；如果本周累计学习时间超过一个时长（例如 5 个小时），则奖励自己一顿美食……

按照这个计划，阿勇觉得轻松多了。他开始不用像"强迫症"般逼着自己每天一定要完成多少任务，而是感受到了弹性和宽松，如此一来，在自己兴致高的时候就多学习一点儿，如果兴致不高或者情绪不好，那就可以少学一点儿，实在是有事耽误或者就是那天不想学了，还有每周两次的"免死金牌"机会。

渐渐地，阿勇状态好了，英语学习也获得了一定的进步。他发现，自己原来是可以坚持下来的，这无疑了他极大的自信。

（2）一定要具体到执行层面

这一点非常重要。在阿勇这个案例中，之前他无法坚持，就是因为目标太高却没有落实到行动层面，后来经过调整，落实到具体的执行层面，渐渐就具备了操作性。

这个时候，最好的办法就是拆解目标。

比如，对我们作者而言，写一本书的工作量是很大的，如果你成天想着要完成多少万字的书，除了会感受到满满的焦虑感，对于现实并没有什么帮助。

这个时候，我往往会拆分目标，通常来说，我不喜欢把目标制订得过于死板（降低期待），会给自己留出一定的弹性。我会将目标分解到月，再分解到周，至于每天的创作量则看兴致及状态，如果兴致高状态好就多写，兴致不高状态一般，完成保底的创作量即可；每周给自己两次"免死金牌"，未必非要天天写，如果哪天有事或者心情不好，可以休息干点别的；在完稿之前，坚决不对外透露目标和具体进度，不承诺具体完稿期限，因为我心里清楚，如果按照既定目标，是可以在约定时间内完成的，不想承诺完稿期限，是不希望对方有期待，从而给我自己造成压力。

就这样，我写了一本又一本书，还要保持公众号的日常更新，很大程度上是因为我对自己的期待和现实比较契合，同时在执行层面比较灵活，不至于产生挫败感。

（3）正面的自我激励

要知道，既然是坚持，就说明这个任务的时间跨度较长。那么这个时候，你在阶段任务完成之后，就要多关注取得的积极的成绩，而不是只盯着差距，后者只会让你越来越焦虑。

比如，你今天做了 20 个仰卧起坐，那就肯定自己，说明今天还不错；如果你今天做了 50 个，那更要夸奖一下自己；如果今天状态不好，做了 10 个，那也可以告诉自己，没关系，等我状态好了多做几个。

要知道，时间跨度长的任务，靠的不是一朝一夕的发狠，而是滴水石穿般的累积。这并不是懒散，而是顺应人性。

以上三点无法保证你一定能取得怎样辉煌的成就，而是可以帮助你完成坚持本身，即便偶尔的失败对你也不会构成太大影响，而且还能够继续坚持下去。

2. 提升坚持力的方法

其实方法正是围绕坚持力的要素而来，刚刚在分析要素时也谈及过。这里再做个总结。

（1）制订一个符合自己现实能力的目标，并给予这个目标一定的弹性，同时允许自己偶尔不能坚持的情况。

（2）在具体执行的时候，给自己一个保底任务量，根据兴致和心情，多了就肯定自己，没能完成也不要过分懊恼。

（3）分解任务，直至可以落地到具体执行层面。

（4）多看到取得的成绩，多肯定自己，而不是一味地看到差距，让自己倍感焦虑。

如果你能够做到坚持这件事情，那么逐步地，你将会适应长时间跨度的任务，而自律这件事情，对你而言就不再是可望而不可即的目标了。

就像弗朗茨·卡夫卡在《城堡》中说的那样："努力想要得到什么东西，其实只要沉着镇静、实事求是，就可以轻易地、神不知鬼不觉地达到目的。而如果过于使劲，闹得太凶，太幼稚，太没有经验，就哭啊、抓啊、拉啊，像一个小孩扯桌布，结果却是一无所获，只不过把桌子上的好东西都扯在地上，永远也得不到了。"

3. 专注力和特质有关吗？

可能很多人会认为，内向的人专注力应该高些，外向的人专注力可能多少会有所分散。这也不完全如此。在我看来，与其说专注力是一种特质，倒不如说是一种行为习惯。

从我们经手的职业咨询案例总结分析来看，有些人专注力不佳，和小时候做事总被打断的体验不无关联。

从发展心理学的角度来看，能够健康成长的孩子，其实是应该能够发展出专注力这项能力的。但在现实中，由于有些家长对这些知识一无所知，喜欢用自己认为所谓"正确的方法"打断孩子，反而适得其反。

咨询者 Linda 就觉得自己专注力很差。她一度认为，自己可能就是如此，做什么都不成，渐渐地对自己失去了信心。随着咨询的开展，我们发现她的问题，或和童年有关。

Linda 描述，她有个比较强势且性情暴躁的母亲。小时候母亲对她管束很多，她做事也总是被母亲无故中断。比如，她正在专心做作业，母亲突然发现有道题做错了，便对 Linda 呵斥起来，这让 Linda 无法继续做作业，而且感觉到害怕和委屈。类似的事情在她的童年一而再，再而三地上演，使得 Linda 的情绪记忆越来越深刻，只要她开始专注做一件事情，总会担心被无缘无故中断，这让她心神不宁。如果类似 Linda 这种情况，可能需要寻求专业的心理帮助了。

而对很多职场人而言，如果你做事无法专注，过往也并没有 Linda 如此糟糕的体验，那么最有可能的原因就是，你的工作动力层面出了问题，这时候可以从这几方面排查：

价值观：是不是无法给你带来想要的价值？

能力：是不是能力不足，导致没法胜任工作？

动机：这份工作要求的动机水平，和你自己是否匹配？

兴趣：这份工作是不是你感兴趣的？

而如果通过排查，这些都没有问题，那么你需要通过上面的方法养成专注做事的习惯，一旦习惯养成，专注力就能自然而然提升了。

第四节　情绪管理能力如何提高

也许你总是有这样的困惑：不知为何，自己总爱发脾气。往往一件很小的事情，就能引发你莫名的怒火。

芳芳是我们王老师的一位咨询者，之前就备受情绪的困扰。

比如，早晨芳芳把孩子叫醒做好早饭，发现孩子穿衣服拖拖拉拉，吃饭也特别慢，她就特别恼火。但她担心影响孩子上学的心情，就忍住了。这个时候，芳芳的先生问她自己的公文包放在哪里。芳芳特别烦，不过想到先生要上班，迟到了要扣钱，也没有发作。芳芳自己准备出门上班的时候，这才意识到忘记带昨天连夜整理好的工作资料了。她急匆匆地跑回去重新开机拷到了 U 盘里，再出门的时候感觉真是糟糕透了，一路后怕：这份资料可是昨天主管千叮咛万嘱咐今天开会要用的，要是没有带，等开会的时候，各部门领导都到齐了，这件事就糗大了。

芳芳急匆匆赶到办公室，主管问她昨天资料的事情，她回复说检查最后一遍就提交，但内心却想："就知道催催催，怎么发钱没见这么痛快呢！"

可想而知，芳芳常常在工作或生活中备受情绪困扰，工作效率多少会受影响，家庭关系也常常"硝烟四起"。这让芳芳很是焦灼。

那么，芳芳的情绪问题到底是怎么回事呢？想要弄清楚这个问题，我们就要剖析下情绪管理能力的核心要素。

1. 情绪管理能力的核心要素

从心理学角度来看，任何心理、感觉乃至感情的变化，都会引起情绪上的波动。通常来说，决定情绪发生和变化的因素，往往有三种。

（1）我们对于外在人和事的自动思维

所谓自动思维，指的是一个人在遇到事情的时候，他会如何自发进行分析和判断进而产生言行（可以理解为"惯性反应"），这是情绪发生的关键要素。

自动思维可能和一个人的核心信念、价值观、过去经验、思考方法等密切相关。

例如，对一名乐观主义者而言，他倾向于对人和事积极看待，比如，看到蓝天白云就会很容易感受到美好的生活，心情也变得较为愉悦，这类人很难对外界产生不好的情绪；对一名悲观主义者而言，他倾向于对人和事消极看待，比如，他们总是会倾向于看到人和事当中不够好的一面，从而会产生一些负面情绪。

（2）我们对于外界人和事是否有强烈的需求感

要知道，外界人和事并不能直接决定我们的情绪，必须要通过人的主观意志介入，才能成为我们情绪的"触发器"。换句话说，情绪是你和外界人或事的某种关系的反映。你越是看重的人或事，就很容易让你产生较为强烈的情绪反应。

例如，你非常渴望拥有一样东西，但由于经济拮据无法买下，你会不自觉地感到沮丧失望。这也反映出，这样东西在你的需求层面无疑占据了重要的地位。

（3）我们对于外界人和事是否存在期待

所谓期待，指的是一个人根据自己的经验、习惯而对外界人和事做出的衡量。

比如，当你参加一场比赛，你期待自己能够获得较好的成绩且很有希望拿到奖项，但结果并没有获得你想要的名次。显然，你之前对这件事的预期和后面的现实产生了落差，所以你会感到难过。你的期待，让你出现了情绪变化。

2. 案例

为方便说明，我们就以前面的芳芳为例进行分析。

（1）自动思维

在芳芳的认知模式中，存在一种惯性思维叫"恶性思维"，即习惯于把事情结果脑补得比较可怕，俗称"自己吓自己"。

比如，在芳芳意识到自己没有带资料而回去拷贝，在回公司的路上一直后怕不已，一直在脑补没有带的尴尬场景。这就是"恶性思维"的体现。事实上，芳芳已经拷贝了资料，这样的后果就不会发生；即便真忘记带了，到了办公室主管肯定会提及此事，再回去拿也来得及，只不过会被主管说几句而已。

何止芳芳呢？

在很多咨询案例中，我们会遇到些来访者，往往在事情没做之前就预设了各种糟糕的结局。问题是，你还没有做出尝试呢，何必预设做不成的结果呢？而"恶性思维"往往和两种情绪如影相随，那就是焦虑和内疚。

（2）需求感

在芳芳的案例中，老公和孩子是外界的人，这两个人是芳芳生活上特别看重的；而会议资料及主管，更是工作上看重的事和人。

芳芳从早晨起床到去公司的这段时间，处理的都是在需求层面上非常重要的人和事，但问题是，孩子动作慢，老公公文包找不到，为何会让芳芳分分钟想发火呢？这就涉及第三个要素。

（3）期待

在我们人际关系中，最常见的期待莫过于两类，叫作"你应该"和"我应该"。

在芳芳案例中，芳芳对孩子的期待是："你的动作应该再快一点，这样好给我留时间赶着上班"。芳芳对老公的期待是："拜托，自己的东西自己不能管理吗？非得问我吗？"而芳芳对自己的期待则是："我在工作上要争取好的表现，在家庭中也要做好妈妈和妻子的角色。"

如果非要说有什么不同，在我看来，"我应该"有点倾向于完美主义，自己和自己较劲儿，情绪容易内耗；而"你应该"会指向对方，情绪会有出口，但容易产生冲突。

通常来说，如果一个人习惯了"你应该"思维，极端表现就是：他觉得自己提出的大部分要求都是合理的，对方就要无条件予以满足。但问题在于，这是完全的信息不对称啊！

也就是说，"你应该"往往是你内心期待对方做到的。但你是否将你的期待传达给了对方，对方是否明白你的期待；在明白了你的期待之后，对方是否有意愿或有能力达成，也要具体情况具体分析。

在人际关系中，出现冲突较多的莫过于这几种情况：从来不向对方表达自己的期待，指望对方猜心思，如果猜错了就变得恼怒；在自我表达方面存在不足，无法正确完整地表达自己期待，造成误解；将期待传达给对方之后，由于对方的意愿或能力上出现了问题，导致期待无法达成，恼羞成怒。

那么，在了解了情绪管理的核心要素后，我们又该如何提升自己的情绪管理能力呢？

3. 方法

（1）有意识放慢"自动思维"的速度，将"无意识"转成"有意识"

在我们遇到一件事的时候，我们不要急于下判断，而是要学会分析。在分析的时候，我们可以从意愿、能力和环境等因素入手。

比如，当你回家看到你的孩子在玩游戏，你是不是本能地恼火？别急着下判断，先缓一缓，从这几方面去排查：

意愿：你的孩子是否知道学习的重要性？他是否愿意学习？

能力：是不是孩子听不懂老师的课？还是说理解上有些困难？

环境：孩子学习是否有个不错的环境？还是说手机、电脑就在眼前？

如果是意愿方面的问题，这个时候家长应首先反思，是不是自己过分剥夺了孩子学习的主动权，也就是施压过大，反而扼杀了孩子学习的主动性，让孩子感觉是在为家长学习；如果是能力方面的问题，需要和孩子沟通，看该如何帮助孩子解决问题；如果是环境方面的问题，则需要给孩子营造一个良好的学习环境，等等。

总之，如果在想要发火的时候察觉到情绪，用这种分析方法进行剖析，可能就没有那么多糟糕的情绪了。

（2）区分自己的掌控范围，不轻易越界

有些时候，我们情绪失控还和"掌控欲"有关。不论是生活还是工作中，有些人掌控欲较强，不仅要掌控自己，更要掌控他人，这无疑是导致人际冲突的重要原因。这个时候，我们需要分清楚，哪些是我们能够掌控的，哪些是我们无法掌控的，以及，这到底是谁的责任？

例如，作为一名领导者，最应该关注的是工作结果。而每个员工都有自己的做事风格和计划，如果一个领导者的掌控欲太强，以至于事无巨细，对员工而言也是一种巨大的压力。对很多家长而言，我们也没必要对于孩子的每一个细节都要求在自己的掌控中，所谓"抓大放小"就是定一些原则和规矩，明确事情的责任人，然后各司其职，如果出了问题，再对孩子进行纠正即可。对于我们无法掌控的事情，不要过多浪费时间处理，这是工作或生活的重要法则。

在我们察觉到情绪的时候，不妨问问，眼前的事情究竟是

"现实"还是"问题"。如果是"现实"，我们能做的就是接受；如果不接受，你需要进行心理建设来接受它，没有别的原因，因为这是现实。如果是"问题"，则可以通过我们的努力解决它。

例如，上班途中交通拥堵，你再怎么大发雷霆也无济于事，因为这是"现实"，起码单靠个人力量无法改变。但是我们可以做的是，提前出发错开上班高峰，这是我们能够控制的，也是通过努力可以解决的。

很多时候，我们之所以闹情绪，是因为我们对很多事情感到"无能为力"。与其如此，何不把精力放到可以控制的问题上呢？

美国前海豹突击对队员埃里克·格雷坦斯在《适应能力》中写道："我们要无视生活中的很多烦恼。但这并不意味着我们要压制、忽略或否认痛苦。强烈的痛苦需要我们迎难而上。具备适应能力的一个标志，是学会分辨哪些痛苦是值得我们关注，哪些是不需要。关注所有的痛苦，并不能让我们具备适应能力，那样往往只会导致抱怨。"

（3）养成深度思考的习惯

奇怪的是，即便很多人道理都懂，为何还是无法管理好自己的情绪呢？

从我经手的咨询案例来看，多数人从来不会停下来花时间思考，分析一下倍感痛苦的根源，然后尝试去改变一下自己固有的思维和做法。而这种不假思索的"惯性思维"，很容易让人一而再，再而三地出现同样的痛苦，与此同时，如果当事人再对同样的事情报以高期待，只会加剧这种痛苦。我们就需要停下来反思，总结经验教训，而不是任由"惯性思维"将自己带入负面情绪的深渊。

那么，到底该怎么做呢？

我的建议是：定期对自己的行为进行一次回顾；通过回顾，看看需要做出哪些改变；通过自我对话，发现自己的不足；学习新的思维及方法，引导自己走上正确的路；不断践行新的方法，直至形成新的习惯。

唯有将这些新的思维及行为模式变成自己的习惯后，才能替代之前"无意识"的自动思维状态，渐渐地，你将获得一种强大的情绪管理能力。

（4）修炼"钝感力"

"钝感力"出自日本作家渡边淳一的同名杂文集，在中文里"钝感"这个词比较少见。我们可以把"钝感力"解释为"迟钝的力量"，即从容面对生活中的挫折和伤痛，坚定地朝着自己的方向前进，它是"赢得美好生活的手段和智慧"。

从心理学角度来看，"钝感"与"敏感"意思相对，词性相同，两者互为反义词。钝感是人的动作反应慢度的标尺，是用来描述人活动速率的。钝感系数越高则对外部反应越迟钝，同时其敏感度也会越低。人的思维只有钝感系数与敏感系数相平衡才更容易保持较为理性的思维，否则反之。

如何提升自己的钝感力呢？

大家可以通过学习钝感力的五项铁律来提升自己的钝感力。这五项铁律就是：迅速忘却不快之事；认定目标，即使失败仍要继续挑战；坦然面对流言蜚语；对嫉妒讽刺常怀感谢之心；面对表扬，不要得寸进尺，不要得意忘形。

我们需要练习钝感力，它能帮助我们拥有大智若愚的生活态度，让我们的情绪更稳定，心理更健康。

4. 说明

情绪管理能力和特质相关吗？

说到情绪管理能力，很多人会认为：自己的情绪总是起伏波动很大，是不是和特质有关？

从我们经手的职业咨询案例分析，一个人在职场中的情绪管理能力，一定程度上，确实和特质有些关联。一个情绪稳定的人通常具备的特质如下：

（1）注重事实依据，不会过度解读

在这一点上，感觉（S）特质的人天生就具有一些"钝感力"。

原因很简单，因为感觉（S）特质的人是依赖五官获取信息的，如果他不是亲眼看到的、亲耳听到的、亲身经历过的，你让感觉（S）特质的人去推理、去关联、去遐想，这些对于感觉（S）特质的人实在是很不熟悉。

比如，如果有人对一个感觉（S）特质的人说："你今天真好看。"不管说话者和自己关系如何，感觉（S）特质的人第一反应就会把这句话当作一句赞美，一般不太会多想，然后大方地回应一句："谢谢。"

但如果放到直觉（N）特质的人那里，可能就会引发一系列的情绪反应。

直觉（N）特质的人对于"弦外之音"的感受特别敏锐，他们擅长捕捉一些事实，然后加以推理、联想，去试图分析对方言行背后的动机等深层因素。

所以，如果有人对一个直觉（N）特质的人说："你今天真好看。"如果说话者和这个直觉（N）特质的人关系很好，直觉（N）特质的人可能会心里很美。但如果说话者和这个直觉（N）特质的人关系一般甚至不认识，直觉（N）特质的人的第一反应就是：这个人说这句话，究竟是褒义还是贬义？这个人的动机是什么？接下来到底想对我做什么？如果直觉（N）特质的人再从说话者的语气或表情中察觉到一丝的不对劲，就有可能解读为：这分明是在"说反话"。

所以有些时候，当听到这句话时，直觉（N）特质的人可能会想到："说我今天好看，意思就是之前不好看。为何对方单单说我今天好看？说不定是有什么企图。"想到此，这位直觉（N）特质的人搞不好内心的情绪早已翻江倒海，后面就会对夸他的人多加提防。同样的一句话，在两种特质的人这里会得到两种截然不同的回应和情绪体验。

所以，如果你是个直觉（N）特质的人，我建议你可以直接反馈给对方，进一步核实事实真相。比如可以半开玩笑地问对方："哦？我今天好看？昨天就不好看了？"

（2）给对方一个解释澄清的机会，再去做进一步分析和判断

而如果你发现对方是个直觉（N）特质的人，在和对方说话

之前，请务必提前说明你的动机和来意，以免对方过度揣测，引起不必要的困扰和麻烦。

（3）不依赖于外界评判

通常说来，外向（E）的人由于把精力和注意力投射在了外部世界。从我们的咨询经验来看，外界评判对于外向的人的影响，往往比对内向者（I）要大。

那么，对于外向者而言，如何才能更加坚定，不那么容易受外部影响呢？这个时候，你不妨向内向者（I）学习，试着将精力和注意力收回一些，多关注自己，多用来提升自己。

比如，外向者更应该养成独立思考的习惯。只有逐渐形成独立思考的习惯，才能对自我认知有一个相对明确的看法，唯有认知清晰，才不至于受外界评价影响，从而引发情绪困扰。

举个例子来说。

比如，你对你的相貌有没有一个评估？如果满分 10 分，你认为你的相貌可以打几分？

假如你对你的长相有个清晰的认知，评估在 7~8 分的水平，那么，如果有人喊你"美女"，你不会特别开心，因为你会知道，这可能是对方故意哄你开心而已。我们可以接受对方的好意，但至于相貌是否够得上"美女"级别，你的内心是有数的。如果有人在背后说你很丑，你也不会特别生气，因为你心里明白，骂你丑的人有可能是内心对你不爽，并不代表你的模样很丑。

所以，在赞美或诋毁面前能够保持清醒稳定的重要原因，就是在于你的内心对自己有个清晰的评判和认知。

（4）目标导向

在这一点上，从我们的咨询经验来看，知觉特质（P）的人往往没有判断特质（J）的人情绪稳定。很简单，因为知觉特质（P）的人在意过程中的感受，他们往往会因为感受不好，忘记了最初的目标，从而情绪失控乃至崩溃。

从我们接触到的咨询者情况来看，通常来说，判断特质（J）的人在做事之前会思考能否达成目标，如果不能达成目标，判断特质（J）的人会选择不做，或者会考虑适当的回应方式。

比如，一个判断特质（J）的人认为，恋爱就是为了结婚。这个人就不会对无法达成结婚目标的对象动心，连开始都不会开始，认为这是在浪费时间，因此，遇到渣男或渣女的概率就会少很多。

因此，判断特质（J）的人在知觉特质（P）的人看来，会缺少不少乐趣和体验，但无疑，这种审慎和目标导向的习惯，让判断特质（J）的人情绪自然就会稳定了很多。如果你发现自己是知觉（P）特质，建议在职场情境中，你还是需要有意加强自己的目标导向，说话做事之前，还是要认真思考下："我的目标是什么？这件事是否值得我去做？如果做，我如何应对？怎样的方式才是最合适的？"经过思考之后的言行，自然会让你的情绪渐渐平稳很多。

虽然情绪管理能力和特质有些关联，但只要我们认清自己并采取有意识的调整，也是能够提升这部分能力的。

第五节 如何进行有效的时间管理

我遇到不少咨询者都和我抱怨，他们在工作中有一个特别明显的感受，那就是时间不够用。

只要一踏进办公室，各种琐碎事情就扑面而来，整个人一进入那个场景，顿时就陷了进去，不停地忙碌着，然后一天下来，也不知道自己到底忙了些什么，好像也谈不上什么工作成果。每天就这样不明所以地忙碌，渐渐地，磨灭了最初的热情和斗志不说，工作也很难给自己带来成就感，感受不到自身的成长，看不见未来和希望，直至乏味倦怠，但出于种种原因暂时又无法离开这份工作，于是就沦为了"混日子"的人。

他们都会对我说，工作太杂太多了，他们也渴望提升和改变，可不知如何下手。在我看来，他们中的绝大多数都是在时间管理上出了问题。

那么，什么是时间管理呢？

事实上，我们无法管理时间，我们谈及的"时间管理"，确切来说是如何高效利用时间，完成既定工作，同时还能取得良好的效果。因此，想要做好时间管理起码要有一个前提，那就是：你需要很清楚很熟悉你的工作内容，然后根据这些事务的特点进行安排，而不是被其他人牵着鼻子走，忙碌得不明所以。

而时间管理这个概念英文简称 GTD（全称：Getting Things Done），翻译成中文就是"把事情做完"。GTD 的核心理念就是通过记录的方式把头脑中的各种事情挪出来，然后整理安排自己去执行。而贯穿 GTD 的核心步骤就是：收集、处理、计划、执行、回顾。而这五步，恰恰是时间管理的核心要素。

1. 时间管理的核心要素

（1）收集

人的大脑能存储的东西是有限的。所以，成熟的职场人从来不会相信自己的大脑，也不会让这些事情积压在脑海中以至于无法思考。他们会有一个习惯：平时有什么信息、任务或安排，都会在忘记之前用工具记录下来。这样的好处在于方便快捷，还不容易遗忘。

切换到工作场景中，如果你想提升自己，就必须学会记录自己的工作任务和内容，也就是真正的"工作日志"。这份日志的目的，就是将当天的工作内容如实记录。只有记录工作做充分了，后面的时间管理才能落到实处。

（2）处理

当收集记录工作完成之后，我们要对这些信息和内容进行归纳分类工作，如此，才能避免出现杂乱无章的工作内容。通常说来，人们采用最多的是"四象限法"，即把所有的事务按照重要和紧急两个程度划分为：紧急又重要、紧急不重要、重要不紧急、不紧急不重要。

（3）计划

厘清事情的轻重缓急及属性之后，就可以安排日程表了。我们可以将一天中效率最高的时间段用于最重要的任务，将零星时间用于不重要的事务，同时，如果这份任务需要和外界对接，也需要和对方商定好固定时间，便于提前规划。

（4）执行

这是至关重要的一环。根据不同特质的人，执行部分可以采用不同的策略及方法。

例如，如果属于判断型（J）特质的人，多半希望计划越详细越好，那么则可以制订详细的时间表，并按照时间表严格执行；但如果是属于知觉型（P）特质的人，过于详细的时间表反而会让他们感觉不舒服，这个时候，最好以任务为导向，再给一个时间期限即可。

（5）回顾

可以根据自己的习惯，采用定期回顾的方式对目标进行复盘与反思，看看哪些工作或事务需要改进，并做出调整计划。如此，能让计划更为高效，便于后续工作的开展。

2. 案例

咨询者王敏毕业于某高校的电气工程专业。不过她对这个专业实在不感兴趣，所以大学四年并没有认真学专业知识。作为一名女生，王敏希望未来能够过上舒服安逸的生活。但毕业后的求职之路接连碰壁，这让她彻底懵圈了。

几经辗转，王敏来到一家电商企业做运营。按照她的话说，她每天都坐在电脑前，对着一堆不知所云的数据，还要留意各种反馈留言，必要的话还需要给这些客户打电话，另外还要争取活动和资源规划，还要去和平台进行沟通，等等。总之，按照她的话说，这份工作让自己心力交瘁毫无成就感可言，她想换个轻松的工作，但不知还可以做什么。

在咨询过程中，我们的咨询师告诉她，这个社会也有轻松的职业，问题是她是否能够接受较低的薪水以及未来很容易被别人替代的局面。

事实上，在这位咨询师咨询之前，我们咨询团队就看过了王敏的资料，达成的普遍共识是：对于王敏这样初出茅庐的新人而言，如果这份工作有她想要的价值，以及行业前景目前来看还可以的话，与其贸然转行到其他行业，不如从眼下的工作出发，通过一些方法提升自己的能力，这或许才是解决困境的根本。而对于王敏而言，首先要解决的，就是时间管理能力。

（1）收集：我们的咨询师给她布置的第一项任务，就是罗列出每天的工作内容，以及每项工作的起始时间。

（2）处理：罗列出工作内容后，对于这些内容进行区分和归类，集中时间处理。

（3）计划：列出每天的工作计划，安排好日程表。

（4）执行：按照计划严格执行，遇到特殊情况再考虑变通。

（5）回顾：定期总结回顾，看看还有没有需要改进的地方。

在王敏和咨询师的共同配合下，她每天的工作规划逐渐清晰起来。

8:30-9:00，打开电脑之后，做的第一件事情就是对重点数据进行整理和分析，如果业务熟练，这部分大约要耗用30分钟；9:00-9:30，早会反馈问题，交代相关部门进行协助，如果会上不明白的，可以会后解决；9:30-10:30，查询重要指标和数据（店铺情况、重点产品的关键词排名、转化率、销售额、毛利率、客户评价及晒图，等等），发现有负面影响的客户评价及时记录，集中一个时间段电话解决，或提交客服部协助解决；10:30-11:30，争取活动和资源规划，看看商家群里有没有活动通告，再看下店铺有无库存，如果符合条件就积极报名，再去和美工协商沟通，按要求设计出相关的宣传海报。

经过细致且具体的梳理之后，王敏渐渐对目前的运营工作有了系统的了解和认识。

咨询后的王敏感慨万千。她告诉我们，自己之前总是一味埋怨，从来没有看见这份工作的价值，同时对工作的认知极为浅薄，完全像个"外行"。经过系统梳理，这才发现自己对这份工作的看法太过主观和随意，而自己也终于明白，问题的症结不在于换什么工作，而在于是否看懂了眼前的工作，以及是否付出了有效的努力。

如果看不懂眼前工作，又没付出有效努力，即便换个工作，你可能同样会不如意，同样会没有成就感。而随着咨询案例的增多，我渐渐发现，原来成就感这件事，不是所有人都配得上的，它更是一种犒赏和奖励，唯有懂得工作、用心工作以及擅长工作的人，才会赢得它的眷顾。

3. 说明

这里面需要强调的是，在我们第二章提到的特质四维度里，第四个维度指的是生活方式，分为"试图掌控一切"的判断特质（J）以及"体验大于结果"的知觉特质（P）。表面上看起来，仿佛时间管理更像是判断特质（J）的人更擅长，其实不尽然。

从释义上来看，生活方式指的是一个人在放松无压力情况下最惯常最舒适的状态，判断特质（J）的人即便在放松的、毫无压力的状态下，依然是井然有序一丝不苟的风格；而知觉特质（P）的人在放松无压力状态下，喜欢随性甚至有些散漫的风格。但是到了工作状态中，两种特质的人在这个维度上表现没有太大差异。

很简单，因为对多数人来说，工作是紧张而具有压力的状态，就像临近大考，再"P"的孩子也同样会制订复习计划备考，只不过方式不同而已。所以，别再用特质差异给时间管理能力不足找借口了。

如果你发现，自己在一份工作中总是各种迟到早退，表现得散漫随性，最常见的有三种可能：第一，这份工作可能没有你需要的价值（即，无法提供你想要的价值），所以导致你的动力不足，自然表现不积极，也就渐渐散漫了；第二，这不是你的主动选择（即这份工作不是你自主选择，而是他人为你做主的，而这个他人往往是某个权威人士并且还很强势，你的选择权被剥夺了），在这种情况下，一个人在工作中表现出来的知觉特质（P）可能是出于对选择权被剥夺的不满但又没法明着反抗，于是试图通过"消极抵抗"的方式宣泄内心不满和怨气，所以会有散漫的工作表现；第三，能力跟不上这份岗位的要求（即做起来感觉很吃力很受挫，但情绪化比较严重，无法认识到可能是能力不足导致的，于是归因于外界的环境和他人身上，例如领导太抠门、公司没有发展前景之类），所以做的没有成就感，渐渐地感觉到沮丧、失落等负面情绪，慢慢地变得消极起来，所以也会从一开始的判断特质（J）变成后面的知觉特质（P）。

所以，如果你发现自己在工作情境下疏于时间管理，最有可能的就是这三个原因之一。如果你有类似的困扰，不妨对照排查下。

也就意味着，一个知觉特质（P）的人同样可以在工作中表现出判断特质（J），例如：遵守公司规章制度，从不早退迟到，做事井井有条，能够展现出很好的时间管理能力，等等。

4. 总结

总结这一节的内容，大概有三大要点：第一，时间管理能力和特质并没有本质关联，一个真正成熟的职场人，在紧张压力的职场情境中，是可以有不错的能力表现的；第二，时间管理包括五大环节，分别是收集、处理、计划、执行、回顾，对于职场新人而言，想要落地的时间管理方法，最首要的还是应该做好前三个环节的工作，即收集、处理和计划部分；第三，从我们经手的咨询案例来看，对于不少职场新人（职场阅历少）而言，如果这份工作有你想要的价值，以及行业前景目前来看还可以的话，与其贸然转行到其他行业，不如从眼下的工作出发，通过一些方法提升自己的能力，这或许才是解决困境的根本。其中最主要的，就是做好工作中的时间管理，主动规划自己的工作，让工作有序进行，而不是被动等待，乱了自己的阵脚。

第六节　人际能力的提升秘籍

不知你发现没有，职场中，离不开团队合作与配合。因此，人际关系成为职场人绕不过的一道坎。

事实上，职场中的多数任务，想要达成预期的结果，无外乎集中在两点：做人和做事。如果只会做事，不会做人，这个人能力再强，恐怕也不会在职场中获得很好的发展。那么，对于有些人来说，人际能力的秘密到底在哪里？又该如何提升自己这部分的能力呢？

1. 人际能力的核心要素

通过经手的相关职业咨询案例的整理，我认为，良好的人际能力至少包含以下三点要素：知己知彼（了解自己，了解他人）；明确对方的人际界限和特点，找到彼此舒适的相处模式；对人际关系不能"一刀切"，需要实行"分类管理"。

（1）了解自己，了解他人

在第二章提及的特质中，你会发现，我们把特质分成四个维度，每个维度又有两种倾向，其中两两组合，就把人分为16种特质。

当然，你也不用恐慌更不用害怕，这只是为了告诉你，由于每个人的认知模式、成长经历和思维方式等不同，这个世界上，注定会有各种特点的人。因此，想要提升自己的人际能力，最首要的就是要明白，其他人和你可能真的不一样。在人际交往中，最要不得的就是以自己习惯的模式和他人相处。要知道，如果对方的特质和你完全相反，很可能你们会彼此看不顺眼，只会"弄巧成拙"。

所以，提升人际能力的第一课，就是在于认识到每个人的不同之处。

结合第二章特质部分的内容（迈尔斯·布里格斯职业性格），将人的特质分为四种类型，分别为：

SJ：合法主义者、维护者

NF：理想主义者、通情者

SP：经验主义者、行动派

NT：理性主义者、分析者

这四种类型的人在工作中的特点及风格也不相同，具体表现如下：

SJ：凡事喜欢制订期限，擅长在有结构和稳定的环境中解决问题，应变能力弱，做事需要有所准备，关注细节，行事谨慎，偏好稳妥安全，是"现实的决策者"。

NF：用"养育"的方式帮助他人，愿意充当资源，喜欢在令人鼓舞与和谐的环境中寻求认同与支持，热心而富有洞察力，被成就或意义所激励，是颇具情怀的"理想主义者"。

SP：在紧急事件和压力中往往有杰出的表现，应变能力好，擅长临场发挥，喜欢解决具体问题，行动力强，在组织中往往充当"救火员"的角色。

NT：擅长产出高质量的新观点，尤其是当他们的观点被所尊重的人看重的时候，具有自主性，有独立且独特的想法，行事风格倾向于"逻辑性强且机敏"，具备谋略的潜能。

正是由于四种类型不同的行事风格，引起他们紧张或压力的因素也不尽相同。

SJ：讨厌目标不明确或计划被改变，对含混不清的事务及缺乏控制的局面感到焦虑不安。

NF：讨厌冲突，不擅长拒绝，害怕批评，严重者会出现抑郁倾向。

SP：讨厌单调的工作内容，对信息不足、不清晰的人和事常常表现出不耐烦的情绪，希望能够拥有一定的自由度，不喜欢被他人管控得太死。

NT：讨厌做常规重复和琐碎的事情，厌恶官僚作风，人际关系常常遭遇困难。

在了解到不同类型特质的特点以及压力源之后，我们不难了解每种类型的人为人处世的底线在哪里，那么，在和不同类型的人打交道的过程中，你就清楚需要注意哪些了。

举个例子，如果你的领导属于 SJ（合法主义者）类型，你在配合工作方面，应该注重哪些方面呢？

根据前面的阐述，SJ 类型的人最讨厌目标不明或计划改变，他们喜欢控制局面，更希望事情有条不紊，所以，在和这类领导相处过程中，有一个重要的原则就是：事事有交代、件件有着落——这就是所谓做事的"闭环"，对于 SJ 类型的领导而言，如果一个下属能够在做事之前提前规划好并且和他沟通；做事过程中也定时向他汇报进展情况，遇到不懂的特别在细节部分让他给你建议；在事情结束的时候能够进行总结分析，告诉他最终结果以及后面的计划，等等。毫无疑问，这种"闭环"会让 SJ 类型的领导感觉舒适，更为关键的是，这种"闭环"能让 SJ 类型的领导感觉到安全、可掌控，也会认为这样的下属办事得力，能够给到 SJ 类型的领导足够的安全感。

所以，在和人相处之前，了解对方的特质及行事风格，是一门必做的功课。

（2）找到彼此舒适的相处模式

不知你发现没有，正是因为不同特质的人有不同的人际沟通特点，所以在和人打交道的时候，一定要根据对方习惯的方式，做些适度的调整，采取适当的方法，才能达成想要的结果。

在这里，我将不同类型的人之间的沟通需要注意的要点整理如下。

1）外向的人（E）和内向的人（I）

通常来说，外向的人往往比较热情，在人际互动的时候反馈比较及时；内向的人需要花时间进行自我梳理，如果信息太密集的话，内向的人会感受到压力。因此，外向的人（E）在和内向的人（I）沟通时，如果沟通的内容较多，最好给对方留出私人的、反省的时间，可以给个时间期限，让内向的人（I）按时回复就好。

比如，一个外向的领导对内向的员工沟通时，不妨试试这样说："这个任务客户要得比较急，资料发你了，你先整理下，傍晚五点前给我即可。"最好留出点时间给内向的人，不要逼迫对方立即给你回复。

2）内向的人（I）和外向的人（E）

由于外向者（E）的注意力往往聚焦外部，因此，外向者会比较在意对方的反应。一旦外向者（E）发现对方没有十分积极地回应，外向者就会担心是不是自己表达不够清楚，于是就会倾向于解释，从而一旦打开话匣就很容易滔滔不绝。可对于内向者（I）来说，这样的"滔滔不绝"实在令他们感到头疼，同时会感觉到外向者（E）过于聒噪，总是在一个点上说来说去，甚至认为外向者（E）比较肤浅。

因此，如果内向者（I）能够认识到这一点，在和外向者（E）沟通的时候，一定要和对方澄清你的时间要求，比如，你现在只有十分钟，要求对方长话短说，同时尽量给到反馈，比如，告诉对方这个问题已经明白，可以继续讲，以免对方看你没有反馈，认为你不明白，从而一而再，再而三地进行解释。

3）感觉型（S）的人和直觉型（N）的人

根据前面的叙述，直觉型（N）的人会比较倾向于关注整体概貌及事物之间的关联，而感觉型（S）的人会比较关注局部及细节。所以，如果你是感觉型（S）的人，在和直觉型（N）的人沟通（尤其当你的领导是直觉特质）时，你需要先给对方陈述下概貌，再详述细节。

4）直觉型（N）的人和感觉型（S）的人

反过来，如果你是直觉型（N）的人，在和感觉型（S）的人尤其是领导沟通的时候，一定要注意先说出基本成型的既定的具体观点或事实，并且要关注相关的细节。

5）思维型（T）的人和情感型（F）的人

人际交流中，思维型的人容易关注这件事是否符合逻辑和事实，而情感型的人会更容易在意自己的感受。在家庭关系中，通常男人多是思维型（T），女人多是情感型（F）。于是经常会出现一种情况，那就是当女人在和男人吐槽一件事的时候，男的如果指手画脚或者给出建议，女人反而感觉不爽，很容易给男人一种"怎么做都不对"的感觉。

这个时候，思维型的人如何与情感型的人达成良好的沟通呢？我的建议是：对于思维型的人来说，要考虑言行对他人的影响，可以从达成一致意见开始。

比如，下班回家的老婆（情感型F）和老公（思维型T）开始吐槽说："因为之前离职的同事在给员工签订入职合同的时候不够严谨，以至于同级别同岗位员工基础薪资不统一。我做薪资核算，不知道要参照哪个标准。我很纠结要不要跟老板讲，是否需要让这些员工重新签订合同。如果重新签订，后面有一系列烦心事要处理……"

这个时候，思维型（T）老公可能是这样回应的："不是不让你多事嘛！你应该按照之前签订的合同算。"而此时的老婆更是满腹不爽："这不是废话吗？如果是这样子的话，员工肯定会不同意，这根本解决不了问题。"

思维型（T）的人在听到一件事的时候，下意识的反应就是："出了什么问题，要如何解决？"而情感型（F）的人真正的诉求是："看我多不容易啊，你不能安慰我一下吗？"

如果老公能够认识到这一点，他可以这样和情感型的老婆沟通："听起来这事儿是很棘手啊，那我怎么做才能让你感受好一点呢？"如果这样应对，老婆可能感受会好很多，她可能会说："没事儿，我就是和你吐个槽。你给我倒杯水吧。"达成这样的一致意见之后，老公再去采取行动（倒水），是不是就好很多了呢？

6）情感型（F）的人和思维型（T）的人

在职场中，一位情感型（F）的员工，在和思维型（T）的同事或领导说话的时候，需要注意什么呢？

要知道，对于情感型（F）的员工而言，他可能会考虑说的话对同事或领导带来怎样的感受。但事实上，思维型（T）的人会倾向于关注事实本身，不喜欢听到太多关于感受层面的内容。因此，情感型（F）的人在和思维型（T）的人沟通时，需要考虑事情的原因和结果，说话尽量简洁，不要过多阐述感受层面的内容（例如他的情绪）等。

7）判断型（J）的人和知觉型（P）的人

由于知觉型（P）特质的人不喜欢被控制得太死，喜欢做事留有弹性和空间。因此，判断型（J）的人想要和知觉型（P）的人达成良好的沟通效果，就需要容许知觉型（P）的人对计划、工作方式具有灵活性并且不被控制。适当的时候，可以给知觉型

（P）的人一定的空间，会让对方感受更好。

8）知觉型（P）的人和判断型（J）的人

对于判断型（J）的人来说，计划、结构、掌控事情的发展是他们的诉求。如果你的领导是判断型（J）的人，请一定要制订工作计划，给出做事框架以及定时向他们汇报。如此，你的领导会感觉到笃定和踏实，对你也会好感倍增。

懂得了不同特质的人的差异以及相处注意事项之后，就可以在职场中尽量避免人际关系的"雷区"了。

（3）对人际关系实行"分层次管理"

正是由于不同特质的人具有不同的人际风格，因此我们需要明确一点，我们不可能和所有人都能建立并维持良好的关系。事实上，因为每个人特质的不同，注定我们和不同的人之间会形成不同的关系。因此，在人际关系的处理上，我们就不要抱有不切实际的期待，而是要设置合理化的期待，即：一般情况下，我们与特质相似的人往往能聊得热火朝天，但问题在于，由于特质类似甚至一样，看问题角度也大同小异，虽然聊得"热烈"但无法给彼此提供不同的思考角度，都存在差不多的思维盲区，不利于职场个人成长。反倒是那些你看着不顺眼的人，往往会因为特质部分和你的不同，能够具备差异化思维，在你遇到困境的时候，反而能给到你全新的角度，让你豁然开朗。

职场中，如果你能做到前半部分，说明你是性情中人，为人处世往往按照自己的喜好来，但职场成长速度不会很快；如果你能够做到后半部分，说明你渐趋成熟，懂得结交不同特质的"战略伙伴"或者"盟友"，对你的职场成长才能真正有所助益。

为什么会这么说呢？

从我们的咨询经验来看，不同特质的人彼此确实存在一些互相看着不顺眼的地方，例如：SJ 可能认为 NF 缺乏常识；而 NF 可能觉得 SJ 没有想象力；NF 关注一些"不实际"的问题，可能使 SJ 觉得没有共同语言，感到关系的不公平，迫使 SJ 考虑现实问题（如生计问题）；NF 可能认为 SP 没有信仰，缺乏想象力、责任感、承诺和生活目标；SP 可能认为 NF 无趣，没有现实感，等等。

也就是说，虽然特质的差异让有些人彼此一开始相处不舒服，但如果你今天知道了对方的特点，找到了和对方合适的相处方式，在你遭遇困境的时候，恰恰是因为不同的特质，对方会让你以截然不同的角度思考，让你受益匪浅——这才是我们在职场人际交往中需要重点关注的部分。如果能做到这一点，你的人际能力才能真正意义上获得提升。

那么，我们该如何对我们的人际关系实行"分层管理"呢？

首先，我们根据对不同关系的预期，设置不同的分类。

比如，我们可以把职场人际关系分为：盟友级（可以分享一定的私事，有事能够相互提醒）、普通级（正常的职场合作关系，不太交流私事，只要在工作中配合顺畅即可）、提防级（个别人可能心术不正或人品有问题，需要远离）。

其次，我们需要在了解自我的基础上，有意识地留意可能成为"盟友"的候选人。

从我们的咨询经验来看，可以成为"盟友"的候选人最好满足以下一个或多个条件：最好和你的特质不同（特质不同，才可能在你遇到事情的时候，提供不同的角度），尤其是 S（感觉）和 N（直觉）、T（思维）和 F（情感）这样的组合，能够差异互补；最好是不在同一部门或办公室（你们之间不存在利益冲突，方能结成盟友）；最好彼此间有些共同背景和经历，例如，同时期进的公司，年龄和教育背景相仿，家庭情况相似，等等。

盟友的数量不建议多，一般来说，差不多1~2个即可。主要是能够起到相互提醒（比如，外界对你有些不好的反馈，但如果你蒙在鼓里不做调整，可能对你不利）的作用，同时，在遇到危机或困境的时候，也可以出谋划策。

再次，除去盟友之外，多数人可以列入"一般关系"。

"一般关系"多限于职场工作关系。为了让工作顺利推动，在向对方提要求之前，最好先进行"情感储蓄"。所谓"情感储蓄"，你可以理解成每个人都有个"情感账号"，当你想要从这个账号支取（例如，请人帮忙或者要求对方配合）的时候，最好提前在这个账号中进行储蓄。

举个例子来说。

咨询者小杨就曾经和我们抱怨说，自己的职场人际关系很糟糕，同事都不配合她的工作。后来经过了解，小杨的问题就出在，她忽视了"情感储蓄"这件事。要知道，在职场中，如果你要求对方做一件事（特别是工作中"做是情分，不做是本分"的模糊地带），对方是否配合，很大程度上取决于你在对方心目中是否有"情感储蓄"。

比如，小杨当时是在一家公司的培训部，她和我们吐槽说，公司行政部的一位同事平时在配合工作方面，显得不那么积极。通过咨询我们发现，小杨说话语气有点冲（不是主观故意的，但会给人这样的感受），加上她之前从来没有在行政部同事那里做"情感储蓄"，因此在要求对方配合工作的时候，如果这件事情并不是写在岗位职责里，而是属于"帮你是情分、不帮是本分"的情况，那么对方拖延乃至拒绝，也是情理之中的事情了。

那么，对于小杨来说，该如何改善这种情况呢？

首先，评估自己和该同事的关系现状及期待。对小杨目前而言，该同事和她就是"一般关系"，至于未来能否达到"盟友"关系，还有待观望。

其次，一般关系下，情感储蓄通常有两种方式。

一是物质形式。这种形式绝非请客吃饭送礼之类，正是因为一般关系，这种做法反而会给人造成压力；这种关系下，比较自然的是"投喂"对方一些小零食之类，等到"投喂"一段时间之后，你再找对方配合工作，就会顺畅许多。

二是精神形式。在精神层面，最常见的方法就是夸奖。但是夸奖也要夸到点子上，最好是"以人为本"，夸得具体明确，否则"弄巧成拙"，反而适得其反。

比如，小杨之前夸自己的主管刘姐说："你今天穿得真好看。"没想到主管不仅不开心，反而问道："怎么？我之前穿得不好看吗？"夸奖不到位，还不如不夸。

通过上述物质或精神形式，我们先在对方"情感账户"上做储蓄，渐渐地，对方对我们的好感会倍增，这个时候再让对方配合我们的工作，那就是"一句话的事情"。

后来小杨按照我们的建议，果然改善了同事关系，行政部的那个同事后来还和小杨成为了"盟友"。

最后，我们每个人都不可能做到人见人爱，总有少数人看我们不顺眼。这种就"井水不犯河水"，只要把工作做好，能不招惹尽量不招惹。

特别提醒大家的是，职场人际关系中，有些人可能会强调"站队"，但在我看来，人际关系终究只是辅助，目的是为了更好地做事，唯有夯实自身实力不断向上，才是摆脱纷繁复杂的人际关系的根本。

要知道，职场斗争出现最多的地方，恰恰是基层的岗位。因为资源有限，所以每个人都拼了命地用尽一切手段想往上爬，你的职位越高越不可替代，才能最终摆脱嫉妒的纠缠。

在职场中生存，我们最大的客户不是别人正是老板，同事和我们只是合伙人关系，偏向于哪一方都不对。所以，与其挖空心思想着如何站队，不如好好提升业务水平和能力，对人际关系实行"分层管理"。不要抱有不切实际的期待。当你足够强大的时候，自然会得到重用。而那个时候，你会看到别样的风景。

2. 总结

在人际关系能力层面，特质是被我们反复强调的部分。不论是对自己还是对他人，如果你对特质部分了解得越多，通过观察分析渐渐能够判断出自己和他人的特质，在人际关系处理上避开不同特质的"坑"，那么你的人际关系一定会渐渐顺畅。所以，想要提升人际关系能力，和相应的人学习相应的知识才是人际关系的底层核心。

与此同时，在方法上，我们可以对人际关系实行"分层管理"，合理认知我们的处境，以及针对不同的人，采取不同的策略。最终的目的是为了让工作更为顺畅。在工作中，着力点还是在我们自身专业实力的提升上，这才是我们立足职场且顺利发展的真正根基所在。

而随着阅历及知识的增加，你会慢慢发现，正是因为不同特质的人存在，才使得职场具备多元化的人际关系。而恰是不同特质的人相互配合相互学习，才能够促进我们更快地成长。

因此，我更倾向于认为，人际关系确实是每个人认知自我的镜子，在人际关系中，我们才能真正照见自己。

第七节　执行力的提升要点

"老师，你说的都对，我也知道要行动，可是不知为什么，我总是无法实现。"也记不得是有多少回，在咨询即将收尾的时候，总有来访者发出这样的感慨和困惑。

在有些人看来，行动力真是个谜，看到其他人斗志满满，可不知为何，自己总也动不了。那么，行动力的秘籍到底在哪里呢？

事实上，一个良好的行动力背后有三方面核心要素：强烈的意愿或渴望，与之匹配的能力，适宜的环境。

1. 执行力的核心要素

（1）强烈的意愿或渴望是行动力的前提

事实上，很多人之所以动力不足，往往是因为看不到眼前的事情对于未来的意义。甚至于，眼前的事情根本无法导向想要的未来，于是内心自然而然地会产生懈怠乃至阻抗的情绪，行动力自然会受到影响。

我想起之前做的一例咨询案例，主人公宁宁在开始咨询时很沮丧，她一直抱怨自己行动力有问题，觉得自己一无是处。

当时宁宁是在家人的安排下来到一家国企做行政文员。她觉得自己很笨，连最基础的统计报表都搞不定，常常被领导批评。天长日久，宁宁工作效率越来越低下，每天也不想早起。她的领导和家人都觉得，是宁宁的行动力出了问题。

有段时间，宁宁疯狂地报名各种行动力方面的学习课程，什么"21天习惯养成法"等。但奇怪的是，不论她花了多少钱报了多少班，早晨依旧不想起床上班，到了岗位上工作效率依然低下。

随着咨询的深入，我渐渐察觉到，宁宁之所以行动力不足，很可能是因为目前的工作和她心中的愿景不一致造成的。

原来，宁宁从小喜欢写作和画画，她曾经想过从事文艺。无奈父亲是公司的财务总监，母亲是学校的教导主任，夫妻两人一手设计了宁宁的职业道路，让宁宁报考经济类专业。但宁宁分数不理想又不愿复读，只能上了个普通的大学。毕业后，宁宁的父母更是动用人脉关系，让宁宁到一家国企从行政文员做起，并且和领导都打了招呼，如果宁宁表现不错，会被优先提拔。但现实却是，宁宁对这份工作毫无兴趣和热情，缺乏内在动力。

找到了症结之后，宁宁决定和父母谈一谈，把自己心中真实的渴望说出来。

后来，宁宁告诉我，她和父母郑重谈完之后，父母也认真思考了下，同意了宁宁调整到宣传部的变动。正好企业要建网站，也需要公众号平台运营人员，既能发挥宁宁写作特长，又能在选图、制作海报等方面发挥她对绘图的热爱。

调整了岗位之后，宁宁瞬间觉得工作充满了动力。她神奇地发现，多年的拖延症居然自动消失了，工作效率也提高了，渐渐地也有了成就感。

因此，如果一个人在现阶段动力不足，需要审视一下：今天的行动能否导向想要的未来？如果无法和未来衔接，该如何调整？如果可以和未来衔接，可以做哪些尝试与努力？

（2）匹配的能力不可或缺

不知你有没有这样的体验，当你以为自己找到了感兴趣的领域准备大干一场时，没过多久，事实打脸，你从刚开始的兴致勃勃变成后来的拖延倦怠。这中间到底发生了什么？又是什么原因导致的呢？

说个真实的故事。

孙鹏是我前两年应邀去一家公司进行职业规划讲座的时候，

认识的一个做新媒体运营工作的小伙子。去年下半年的时候，孙鹏曾经向我征询过做自媒体的一些经验，当时我没有多想，重点和他说了四个字：内容为王。

等到今年孙鹏再次找到我的时候，这才告诉我："晓璃老师，我当时之所以向你请教，是因为那个时候我决定辞职创业做自媒体了。"

我问他："这件事情为什么不早一点和我说？兴许我还能帮你把把关。"

他说："我担心你会给我泼凉水，所以就没有告诉你，何况我当时去意已决。"

好一个"去意已决"！

孙鹏毕业于一所国内某 985 高校的传媒相关专业。毕业后的他几经辗转，来到一家公司做新媒体运营。根据孙鹏的说法，新媒体运营的工作让他分分钟感到崩溃！

一篇文章从采编到排版，再到插图，都是孙鹏一个人负责，每天都要定时推送至少四条内容，推送前还要给领导预览，有时候领导对细节要求太严苛了（例如标点符号、行间距、字体颜色等各类细节），让孙鹏感觉分分钟要崩溃。

后来孙鹏实在受不了了，干脆一狠心一跺脚，先把工作辞了再说。按照孙鹏最开始的设想，自己毕竟也运营过公众号，在社群方面也算有些经验，找个工作应该轻而易举，再者说了，即便一时半会儿找不到理想的，自己也可以做个公众号，说不定很快就能养活自己了。可事实却是，几个月下来，孙鹏的公众号只零星更新了几篇文章，粉丝数依然停留在个位数。

就这样，孙鹏之前设想的"新媒体创业"的想法遭受到了前所未有的重创和打击，在家待着更是一天比一天懒散，之前制订的计划全部打了水漂。问题到底出在哪里？

可以说，孙鹏的想法很好，一开始的意愿足够强烈，但问题就在于，他并没有累积到足够支撑自己做这件事情的优势能力。换句话说，他高估了自己的能力。事实上，孙鹏曾经的新媒体运营经历并未让他形成自媒体创业的核心能力，即持续而优秀的内容输出能力。

要知道，在新媒体领域，具备核心竞争力的岗位是内容创作者，即作者。据我所知，很多大号都不惜重金培养原创作者，有的更是不惜重金招募原创作者，因为在内容产业里，内容创作永远是根基与核心！而孙鹏在这部分核心能力的匮乏，加上公众号的竞争日趋"白热化"，孙鹏想要实现从 0 到 1 的突破，真的"难比登天"。正是因为能力上的不匹配，才会有现实中所谓"三分钟热度"的情况发生。

所以，如果你在做一件事情或者一份工作之后，从开始的兴致勃勃、行动力满格到后来的拖延乃至行动力衰退，不妨从能力部分反思下。如果是能力出了问题，建议你最好脚踏实地去了解相关行业及岗位真正核心的内容，以及向行业专家请教：想要在竞争中脱颖而出，到底需要付出怎样的努力，有哪些切实的提升途径，等等。然后再给自己制订行动策略和方案，通过一段时间的努力，看看有没有改善。千万不要置之不理甚至临阵脱逃，否则，你今天绕过的坑，就是在给未来埋下巨大的雷！

（3）环境的影响不容忽视

有了意愿和能力，行动力是不是就一定没问题了呢？别忘了还有最后一个因素，环境。

之前有个咨询者 Lucy 和我们吐槽，说自己感觉糟糕极了，觉得自己行动力出了问题，分明制订好了复习考试计划（当时 Lucy 在工作之余备考相关职业职称证书），可不知为何，她发现一天天过去，复习进度却没有任何进展。

通过咨询，我们发现，问题不是出在意愿上（事实上，Lucy 很热爱她的专业，也很想复习考试），也不是在能力上（Lucy 的学习及考试能力应该没有问题），而是出在了环境上。

原来，Lucy 除了要上班，家里还有一个上幼儿园的女儿。Lucy 和所有妈妈一样，回到家就被女儿缠住了，好不容易把女儿安顿好了，自己也乏了累了，摸到书就困，因此复习效率大打折扣。针对这种情况，有没有解决办法呢？

有的，从环境入手。

如果只能在家里看书：一定要隔出一间作为自习室或书房；类似 Lucy 一样的宝妈，不妨试试和孩子一起早睡，然后早起（例如早上五点），如果时间利用的好，差不多早上可以有 2~3 个小时的学习时间。

事实上，很多作者（包括我在内）都是孩子妈妈，如果我们必须要在家里完成写书任务，往往会采用这样的方法。要点就是：一定不能在卧室看书，更不能在客厅，必须是单独的房间，最好是相对安静和独处的空间。

　　如果可以离开家里：如果你最近有重要的考试复习的任务，不妨和家人沟通好，比如，让你的家人帮你在周末带孩子，而你则可以选择就近的图书馆看书复习，把家里的事情暂时抛在脑后，这样更容易专注地去复习，这也是效率极高的学习方法。

　　通常来说，我们不要低估环境的影响力，所以，如果是要处理重要的事情，一定要记得给自己营造一个适宜的环境。

2. 总结

　　行动力背后有三个要素在起作用，分别是意愿、能力和环境。如果你发现自己最近行动力不足，先别急着自责，更别急着抱怨，不如冷静下来好好从这三方面进行排查，看看是哪方面的问题，再采取相应的行动，才能解决行动力不足的问题哦。

第四章

实战：
如何构建你的职场生态圈

有人说，如果把企业比作一个丛林，那么职场人无疑是这个丛林的物种，想要获得顺利的生存发展，就必须学会适应这个生态圈，提升自己的性价比。

从经手的职业咨询案例分析，我更倾向于将这个生态圈分为三大基本要素，分别是职位、团队、环境。

第一节　做到人职匹配，达成彼此成就

这个世界上是否存在理想的工作？有的，但这种"理想"的工作因人而异。

1. 工具

如果用一个相对统一的标准衡量，那就是"人职匹配图"，如图 4-1 所示。

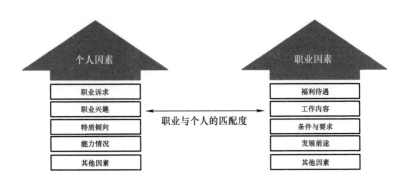

图　4-1

在这张图中，我们不难看出，公司招聘就是按照公司设置的岗位要求，寻找匹配的求职者，人职匹配分析由两大部分组成，分别是"个人因素"和"职业因素"。

个人因素包括本书前面章节提到的内容，常见的有：职业诉求（价值观）、职业兴趣、特质倾向、能力情况、其他因素。

常见的职业因素包括：福利待遇、工作内容、条件与要求、发展前途、其他因素。其中，在职业因素中，福利待遇不仅包括显性福利，例如工资、奖金等，而且包括隐性福利，包括劳动强度、劳动时间、人际环境，等等。

那么，我们如何运用"人职匹配"分析我们和职位是否匹配呢？

2. 案例

芳芳是一名会计专业的本科毕业生，毕业后在一家公司做了两年的出纳工作。她挺想做新媒体文案的相关工作，但不知道这个想法是否靠谱。

我们不妨用"人职匹配图"进行分析。

芳芳的个人情况如下。

职业诉求：薪资收入（二线城市月薪 7000 元以上）、成就感、舒适（不希望熬夜，希望作息规律）。职业兴趣：通过相关测评及过往经历梳理，或对文艺创作领域有兴趣倾向。特质倾向：性格安静沉稳（内倾 I），感官功能较强（感觉 S），容易感情用事（情感 F）。能力情况：具有一定的数据处理经验，做事认真细致。其他情况：身体不太好，不能接受长时间的熬夜和加班，希望作息规律。

文案工作的相关情况如下。

福利待遇：显性待遇方面，在芳芳所在的城市，文案工作的待遇差不多在 7000 元 ~8000 元不等，从薪酬来看，比出纳要高不少；隐性待遇方面，文案工作可能需要赶热点，工作时间不固定，常常会有突发写作任务，因此，工作压力和强度比出纳要高。工作内容（芳芳中意的那家公司文案工作内容如下）：创作原创内容、负责产品及市场活动等方案撰写；分析同行业新媒体的内容结构及话题热点，通过内容提升粉丝量；为各项活动提供强有力的文案支持，等等。条件与要求：大专以上学历，广告传媒、新闻、市场营销等相关专业；文笔优秀，能撰写各类文案，文字驾驭能力强；具备电商、微商品牌文案相关工作者优先考虑；面试需要带作品，可以是原创文章或公众号链接。发展前途：市场部经理、市场总监等中高级职位。其他要求：脑洞大，创意能力强，具有一定的抗压能力，等等。

通过上述两组信息的比对分析，你认为芳芳从出纳转行到文案，是否具备可行性？如果转行，她面临的最大问题在哪里？需要做哪些准备和努力？

通过前面的"人职匹配图"，我们可以就芳芳转行的可行性做如下分析。

从芳芳的职业诉求和文案的职业待遇匹配度进行分析。显性待遇目前是比较符合芳芳的诉求的，但这个职业的隐性待遇（尤其是工作强度和需要加班这一点），需要芳芳再仔细斟酌下，这方面最好是做个体检，听取医生的建议再做决定。

从芳芳的职业兴趣和文案的工作内容匹配度进行分析。芳芳觉得自己或对文艺创作类感兴趣，这里面需要注意的是，有一种情况下，来访者可能会出于对现有状况的不满意，从而将期望寄托在所谓"理想"的职业上，但如果真正接触了这个职业之后，会发现压力和不满依然存在，这个时候再后悔就来不及了。因此，由于芳芳之前并没有实际接触文案工作，建议还是需要搜集职业信息，最好能够先去体验或感受下文案工作，评估下自己是否真的喜欢，以及是否真的能够胜任。

从芳芳的特质倾向和文案工作的特点匹配度进行分析。芳芳是内向（I）+感觉型（S）特质，这种I和S的特质，如果对比文案工作来看，如果想要胜任这份工作，芳芳还是要做出很大努力和调整的。

例如，文案工作者需要对话题热点具有高度敏感性。也就是说，网络上一旦出现了相关新闻事件，新媒体文案工作者需要具备敏锐的嗅觉及强大的文字驾驭能力，能够第一时间根据热点写出符合公司调性的原创文章。这就要求文案工作者需要将很大一部分精力放在外部，需要密切关注外部世界发生的一切，留意他人的需求，分析他人的喜好——这些对于习惯将精力放在内部世界的内向者而言，无疑是个较大的挑战。文案工作对创意具有一定的要求，比如，想要写出具有新颖角度和新鲜观点的文案内容，不仅需要有扎实的文字功底，更需要有知识储备，以及平时要擅于观察与思考，这样才能写出高质量的文案内容。

对于感觉倾向（S）的芳芳而言，她的创意能力本身就是短板，对于自己不熟悉的领域，少不了一开始需要进行大量的学习、模仿和练习，并不断地钻研与总结文案写作的规律和套路，才能有所创新和优化——芳芳是否能够坚持下来，以及是否能够做得不错，还是个未知数。也就意味着，如果芳芳真的要转行文案，需要面对的挑战和压力可想而知。

这就涉及芳芳转行的限制性因素——身体状况。

从芳芳的能力和限制性因素进行分析。芳芳只有两年的出纳工作经验，对于文字写作方面没有经验，闲暇时也没有写过稿，更没有相关的作品呈现（不论是文案作品还是公众号）；芳芳的身体状况一直不好，自认为没法承受加班及高强度的工作压力，而从前面的分析不难得知，由于芳芳的特质和文案工作的特点有些不符，前期需要花很大功夫进行磨炼和调整，包括可能需要半夜爬起来追热点写文章，承受相应的 KPI 考核指标（薪资和文章阅读量及新增粉丝数挂钩），以及抓耳挠腮四处找话题找角度的压力，等等。

这一切，无疑需要良好的身体及心理素质的。

经过上述的分析，我们不难发现，倒不是说芳芳转行文案工作完全没有希望，只是说如果她转行，可能需要面对的问题以及需要付出的代价有哪些。而她是否能够承受这些代价，是否存在客观的限制性因素（例如身体状况），是否愿意付出艰辛的努力，等等，这些才是决定芳芳能否成功转行的关键性要素。

在这种情况下，对芳芳而言，比较稳妥的办法是：在本职工作之外，她可以利用业余时间在网络平台开通账号，尝试写些文章。一段时间之后文章的质量以及阅读量情况到底如何，自己是否具备写作的强大意愿及能力，起码在尝试之后，能给到芳芳一个参考及评估的标准。这就是"人职匹配图"的价值和分量所在。如果你能够严格按照这张图搜集相关信息进行分析，对你未来进行职业决策以及制订行动方案等方面，无疑能够提供参考和依据，甚至能够帮你预见可能遇到的困难，让你进行更为全面和客观的思考，而不是冲动行事。

3. 总结

在择业或进行转行等重大职业决策时，分析自己是否适合这个职位，以及后期的难点在哪里，需要做哪些准备，等等，这些都可以用"人职匹配图"进行基础性的分析和评估。

1）客观而全面的自我信息很关键。这些信息包括：你的职业诉求（价值观）、职业兴趣、特质倾向、能力状况、限制性因素，等等，可以将这些信息一一罗列出来。

2）对意向职位的信息搜集必不可少。你可以通过招聘网站、询问行业人士等方法，搜集目标职位的信息，包括岗位的薪资报酬情况（显性与隐性）、岗位的工作内容、岗位的工作特点、要求及条件、晋升路径、其他因素，等等。

3）将个人信息与意向职位信息进行比对与分析。看看是否具有可行性。如果真的要争取这个职位，你将要面对的困难和挑战有哪些，需要做哪些学习或准备，才能让自己具备相应的资格与能力获得理想的职位。

从我经手的职业咨询案例来看，"人职匹配图"就是现实的一束光，能够照见你内心那个所谓"喜欢"的领域是否具有现实可行性，以及，如果你真的要做，需要克服哪些困难，进行哪些努力，你是否做好了足够的心理准备，是否具备相应的行动力，是否足够渴望，都可以通过这个分析，去窥见想法背后的真相。

如果经过系统分析，得出来的结果无非两种：一是虽然前路千辛万阻，但你觉得是可以经过努力争取的，于是你开始了行动，有可能真的达成了心愿，这是皆大欢喜的结局，不过即便你如愿进入了想去的领域，也不代表未来高枕无忧，相信通过"人职匹配图"的分析，你会预见自己会遇到的困难，并有计划地进行相应的筹划与准备；二是经过分析之后，你发现自己并没有如此渴望这个职业，甚至于你会发现现有工作的好处，比如芳芳在分析之后，可能会发现还是会计领域更符合她的职业诉求（工作舒适、稳定，没有太大的压力，等等），如果是这样，这也未必是件坏事，她能够认清自己，端正工作态度，在原有领域继续努力。

"人职匹配图"的意义就在于，不要让你的想法停留在脑海中，永远不要去臆测所谓"美好的职业"，它逼着你面对现实进行剖析，并评估想法是否具备可行性，以及需要进行哪些准备，等等，从而帮助你更好地认清自我，做出明智的决策。

第二节 团队匹配让你和周围的人更融洽

职场是人与人组成的江湖。在职场中，想要推动事情顺利完成，就离不开人的因素。

根据前面的内容，想必现在的你脑海中大概有个概念——原来人和人之间真的是不同的啊。

事实上，当我们还是普通员工时，我们并没有太多的选择权，包括你遇到的是什么样的领导，你都不得不去面对和处理和领导的关系。那么，我们该如何去做，才能让工作进行得更加顺利呢？这就是这一节将要解决的问题。

1. 工具

在团队合作与人际沟通中，每种特质的人会呈现出不同的喜好和风格，在此，仅从我们经手的职业咨询案例分析，用特质比对表进行了如下总结（见表 4-1）：

表 4-1

特质倾向	倾向与特点	调整及完善
SJ（合法主义者，维护者）	视角现实，擅长说教，擅于发现问题，喜欢批评他人，责任感强，注重公平与规则，结果导向，喜欢掌控局面	需要对人际关系、审美、学习、情感和信仰等更为开放
NF（通情者、理想主义者）	更关注一些"不实际"的问题，喜欢解释来龙去脉，喜欢鼓励和赞同，向往深厚的感情和关系，有自己的信仰，擅长想象和共情	需要学会将精力花在有"回报"的领域，做事需要善始善终，让自己更加准时和可靠

（续）

特质倾向	倾向与特点	调整及完善
SP（现实主义者、行动派）	做事冲动，擅长应急，过程导向，总是心血来潮，喜欢灵活，关注当前，勇于尝试，行动力强，富有冒险精神，经验主义	需要发展工作和生活的一致性，提高对情感和价值的重视以及对学习的开放性
NT（理性主义者、分析者）	好争论，喜欢复杂性，对知识有好奇心，不迷信权威，不墨守成规	需要学会欣赏和鼓励他人，需要重视非工作的活动（如家庭生活），学会放松，不要总是活在理论和未来的世界里

从我们经手的职业咨询案例当中进行了分析和统计后发现，在职场中尤其是在企业环境的职场中，很多管理者（尤其是中层管理者）多是 SJ 特质居多，也是就说，这类人视角务实，做事注重规则，喜欢掌控事务的进展。

那么，如果你是一名 NF 特质的员工，遇到一名 SJ 特质的领导，不妨通过这张比对表进行分析，进而调整自己的言行。

从这张比对表中我们会发现 SJ 特质的领导有这些特点：关注现实，擅于发现问题和习惯批评人，擅长说教（喜欢说理），结果导向并喜欢掌控局面……

而对于一名 NF 特质的员工而言，他的特点却是：视角没那么现实，喜欢解释来龙去脉，希望认同和鼓励，希望建立深厚的关系……

如此比对下来，你会发现，如果一名 NF 特质的员工在 SJ 特质的领导手下，彼此是有多么不适应了吧？这两种人的做事特点和行为风格大为不同，具体如下：

SJ 特质的领导希望要结果，而 NF 特质的员工喜欢叙述来龙去脉；SJ 特质的领导更关注事情本身，而 NF 特质的员工更关注个人感受；SJ 特质的领导喜欢掌控，而 NF 特质的员工希望认同和鼓励。

在关系中，我们常常倡导一个原则，那就是：谁痛苦，谁改变。如果 SJ 特质的领导无法忍受 NF 特质的员工，最常见的办法就是换人；如果 NF 特质的员工无法忍受 SJ 特质的领导，要么走人要么改变自己。

如果 NF 特质的员工需要调整与改变，从哪些方面入手呢？

理解 SJ 特质领导结果导向的思维特点，汇报工作一定先汇报结果，再根据领导反馈，决定是否有必要汇报下领导关心的事情的来龙去脉。

掌握 SJ 特质领导务实的行事风格，先汇报现实的问题，再去分析背后的可能性。

摸清 SJ 特质领导喜欢掌控一切的偏好，工作中注意主动沟通，向领导及时反馈进展，对于 SJ 特质领导交付的任务，一定要有个回复。

因此，如果你在工作中感觉领导和你没有那么默契甚至有些拧巴，不妨对照特质比对表进行分析，看看后面能采取怎样的行动。

2. 案例

来访者刘悦大学毕业之后，先后有过两次职业经历。刘悦在第一份工作中找不到自己想要的价值，即，第一份工作没能满足她的职业诉求。经同学介绍来到了第二家公司，待遇等方面都比较匹配她的职业诉求，但没过几个月，刘悦就发现，自己实在受不了部门领导了。

咨询过程中，我就是用的特质对比图，经过分析发现：刘悦属于较为典型的SP特质，而刘悦的部门领导属于典型的NT特质。

从前面的特质对比图中你不难发现，刘悦对领导可谓是"槽点满满"：刘悦觉得领导要求太高，她始终不明白领导到底想要什么；汇报工作或者请示的时候，领导总是问她有什么想法；不论刘悦说什么，领导总能抓住她的漏洞或不足，对她进行批评。这让她很沮丧。

事实上，如果我们对照特质比对表，就不难发现，何止刘悦对领导有满满的槽点，在领导眼里，刘悦身上更是满满的槽点：领导会认为刘悦缺乏想象力，对于事情的见解永远停留在表面；领导会认为刘悦做事太过冲动，考虑问题不够周全和严谨；领导会认为刘悦责任感不高，而且不擅于学习……

试想下，这样的下属和员工，又该如何调整职场关系呢？

首先，我们需要明确一个问题，谁需要改变？

关系中，我们常常说"谁痛苦，谁改变"。如果在一家公司里，领导已经形成了固定的风格且做的时间很长，他其实不太会痛苦。如果领导感觉忍受不了了，一般情况下会选择换人。因此，与其等待领导改变，不如先从自己调整开始。

其次，对于刘悦而言，到底该如何着手改变？

（1）衡量领导的期待是否合理

如果刘悦所在的部门是设计部或策划部这样的部门，那么该部门的领导会特别看重员工的创造能力和想象力。

假如真的是在这样的部门，刘悦则需要花大力气，因为 SP 特质的人往往是经验主义者，这个时候，想要有所突破或改变，需要对学习保持开放性，要多学习相关的专业知识，多去揣摩部门之前出的作品，研究相关的套路和打法，才能在岗位上表现得游刃有余，方能对事物提出专业性的见解。

因此，如果刘悦所在岗位确实对员工的创造力有要求，那么刘悦则需要评估自己的能力情况。如果能力不足又特别看重这个岗位的价值，则需要加强学习，夯实专业基本功，丝毫不能懈怠。

（2）坦诚和提高专业度

NT 特质的领导很容易透过表象直达本质，具备缜密的逻辑思维和发达的直觉。所以，他们可以忍受员工不懂或者不会，但不能容忍"不懂装懂"的员工。

刘悦对于工作无法提出自己的见解，这充分说明她还有很多需要学习与提升的地方。因此，刘悦可以对领导说明情况并表明态度，但关键在于，刘悦需要拿出行动，切实加强专业学习和提升，尽快熟悉岗位工作内容。

（3）正确看待批评

在 NT 特质的领导看来，批评是对员工有所期待和关心的表现。如果有一天，NT 特质的领导再也不对某个员工进行批评了，那才是更为严重的事情。

所以对刘悦而言，她不仅要看到批评本身，更应该看到批评背后的期待和关爱，用一个成熟的职场人心态，鞭策自己努力工作，尽快适应目前的工作局面。最后，还需要根据自己的情况，制订有效的行动方案，等等。

3. 总结

在团队合作的时候，如果你发觉和某个同事或领导有点"不对付"，不妨参考特质比对表，看看问题到底出在哪里。在分析出问题之后，你需要思考的是这份工作是否有你想要的价值，如果有，那么你需要做出调整和改变：摸清对方的倾向和习惯，看看如何调整自己说话做事的风格，才能更好地配合；学习是根基，不论什么岗位，让自己的能力提升上去才是根本；端正工作态度，以一个成熟的职场人心态去面对人际冲突及团队合作这些事情，让自己的心理尽快成熟起来。

第三节　不容忽略的环境因素

1. 案例

咨询者小霞来自一座三线城市，和很多女孩儿一样，从小到大属于"乖乖女"类型，高考填报志愿那会儿，因父亲说女孩儿读会计比较好，就填报了会计系。

毕业后的小霞开始找工作，发现现实和想象的不一样，摆在她面前的有两个选择：一是选择会计类工作，由于小霞毕业于一所普通院校，进大企业有难度，只能从中小企业着手考虑；二是撇开会计专业，从不太讲究门槛的职业起步。

权衡之下，小霞还是选择了前者。她先是选择了一家物流公司做出纳，一年半后，跳槽去了一家贸易公司做会计。两年后，小霞再次离职。离职后的小霞离开了职场，完成了结婚生子一系列的大事。生完孩子后的小霞担心业务生疏，恰巧老公的朋友创业，就帮那家创业公司代账，这一代就是三年多，直到孩子上幼儿园，这才有时间考虑自己的职业发展问题。

然而不试不知道，一试吓一跳。

小霞投了好多份简历出去，真正收到的面试电话少得可怜。小霞彻底慌了神，眼看着身边的同学都在公司混到了不错的职位，唯独自己这些年没有任何成长，越想越害怕，忧愁得吃不下睡不着。

小霞很是苦恼。她觉得论经验论年纪，自己应该是比较有优势的，但为什么过往经历并没有给自己赢得更好的机会，获得更多的收入呢？

想要明白这个问题，离不开对职业环境的分析。

（1）看清企业和职能

不论是选择企业还是选择岗位，首先要做的，就是厘清价值链，搞清楚以下问题：公司的业务模式是怎样的？靠什么盈利？你所处的岗位在公司价值链体系中的位置是怎样的？这个岗位的市场行情大约多少？

让我们以小霞的故事为例。在小霞之前的职业经历中，她先后服务于物流公司和贸易公司。

先说物流公司。

想要弄清楚物流公司的价值链，就必须从两个问题入手：物流公司的业务模式是怎样的？它主要靠什么获取利润？

问题一，小霞之前待过的那家物流公司采用的是比较传统的业务模式，主要是通过卡车司机跑路运输、蹲在仓库做传统物流服务。

问题二，这种模式在整个物流行业中属于"苦力模式"，基本上靠车队挂靠、从中赚差价获取利润，处于整个行业商业模式的最底层，缺乏市场竞争力，随时可能被其他平台收编。

因此在这样的行业及公司，即便把出纳这个岗位做到极致，又能获得多少收入呢？

想想看，这个物流公司的利润额就那么多，创造价值的主要还是车队及卡车司机，这部分处于价值链的核心，分配的利润自然就多。而类似于出纳这个岗位，一来涉及的业务本身就有限，工作量不算饱和，二来常常需要处理仓管、行政等各种琐事，在整个价值链体系中处于末端，在小霞所在的三线城市，老板觉得一个月两三千的收入已经挺多了。

如果小霞有这个意识，她就应该明白：一来在这样的企业做出纳薪水少得可怜，二来自己的职业发展会受到很大的制约。

再说贸易公司。

由前面的分析不难得知，后来小霞所在的贸易公司的价值链核心是业务员，它的盈利模式属于"低买高卖赚差价"，财务所能发挥的价值也极为有限，在价值链中同样处于末端。

所以在这种小贸易公司，财务工作非常简单，只会涉及采购、销售、日常费用等简单业务，根本不会涉及繁杂的成本核算，因此，在这样的企业，会计的收入注定不会太高，又怎样能指望积累丰富的工作经验呢？而至于代账这件事，站在专业角度而言，充其量只能让小霞"有点事做，有点收入"，对于小霞的能力提升没有太大的益处。

从上述的分析中我们不难发现，小霞在职业选择的过程中，对于公司及行业的分析基本没有，从而导致"一步错、步步错"的职业困境。

（2）选择行业及领域

1）找到一家具有核心竞争力的公司

核心竞争力主要体现在两个方面：一是产品，二是资源。

从产品角度来说，最好能有自己的研发团队，才能确保产品的不可替代性，这样才能确保未来五到十年有可能成长起来并有不错的盈利。从资源角度来说，如果这家公司的老板有关系有门路，能拉到稳定的大客户资源等，也不太会被轻易取代。

产品或资源优势，有一项突出即可；如果两项都有，这样的企业实力更是不容小觑。因此，在选择公司的时候，建议你通过网络等资源先了解公司的情况，看下公司是否有自己的研发队伍和产品，同时可以看下公司所在行业的上市公司年报数据，分析最近几年行业的发展情况。

2）找到该公司的价值链核心部门及岗位

最起码要找到价值较大的岗位，通过主观努力，你才能在利润分配环节中占据优势。

3）其他因素

再把眼光放长远些，还要考虑到这家公司所处的地域及行业发展水平、公司的人员素质以及老板的背景及看法，等等。

如果这家公司有产品或资源优势，你所处的岗位及部门恰好在公司的核心价值链上，同时领导也足够重视，公司人员素质不错，当地行业环境优越，等等，再加上个人主观努力，则个人成长和薪酬都是可期待的。

2. 应用

按照前面的分析思路，我们不妨换个场景。一个毕业生立志在新媒体领域取得成绩，需要考虑以下几个因素：

（1）去什么样的城市发展？

普遍来说，一线城市显然具备足够的优势，很多新媒体行业的头部公司基本集中在一线城市。而在三四线城市也不排除新媒体公司的存在，问题在于，一来机会本身就少得可怜，二来在少得可怜的机会里，月入过万的更是"天方夜谭"。

（2）该业务在这家企业的地位如何？

如果你去的是一家传统企业，新媒体在老板眼里无非就是换个地方发广告，并不看重原创内容的打造，老板也根本不懂新媒体真正的价值和意义在哪里。在这样的企业，你所谓的"新媒体工作"无非就是网络时代下的"排版及文字编辑"工作，没有任何成长性和挑战可言，对个人能力的提升帮助不大。

（3）公司领导对该部门的态度如何？

正如前面所言，如果领导对新媒体压根不重视或者缺乏认知，根本不把这个部门放在眼里，甚至把这个部门的人看成是"打杂"，给你摊派各种琐事，请问在这样的地方干下去，三五年后你的职场竞争力又会如何？

想想看，如果一个人踏入了新媒体行业，不幸遭遇到前面所说的任何一点，他没有意识到是环境的问题，而是过于相信甚至偏执地认为，"个人努力大过天"，总有一天，他会被琐碎无聊的重复工作碾压了曾经的斗志，时间越久竞争力越弱。

3. 总结

我们在判断环境的时候，有以下三个要素需要特别留意，分别是：

你所在的城市整体行业发展情况如何？你所在的部门在这家企业的地位如何？领导对你们负责的业务重视程度如何？

需要说明的是，在此我不是否认个人努力，我想表达的是，如果你能在选择前对这些因素进行预判，你就应该看到自己三五年后的处境，你就会对自己的收入、能力等有个客观的预计，不至于到头来不明所以地陷入困境。

我们除了重视自身努力，也不能忽视外界环境对自我的重塑作用。所以，在我们选择职业的时候，也需要考虑环境因素，具体包括：该公司的业务模式如何？该公司靠什么赚取利润？你所应聘的职位在公司价值链中处于怎样的地位？该公司所在的行业最近发展如何？你所在的部门在该公司的地位如何？领导对你们部门业务重视程度如何？等等。

尽管我们每次的选择都无法保证完美，但毋庸置疑，经过系统分析和思考后的决策更容易让人长久坚持下去。

第五章

决策：

如何做出系统理性的职业决策

你明白无知的代价是什么吗？

从我做咨询至今五年多的时间里，我知道太多太多的普通人，就是因为无知，在本该奋斗的年纪挥霍时光，在本该收获的季节一无所有。

有很多人固守着"一眼望到头、干起来又没劲"的工作，一边抱怨一边却也无可奈何，只能如钟摆一般，重复着多年如一日的枯燥与乏味。

你能想到吗？当一个人备受挫折、超级自卑的时候，他真的能像很多"鸡汤文""鸡血文"所宣扬的那样等来命运的转折点，来个人生的逆袭吗？绝大多数的情况是，他们根本就不会。

因为他们有个不易察觉的思维或行为惯性，即：他们一辈子都在做一种努力，就是拼了命地寻找捷径。他们总是在关注谁一夜暴富的新闻，不断地花钱投在成功概率极小的投资上（例如买彩票），但是他们从来没有意识到，一个人必须提前做好规划，步步为营，才可能迎来所谓"命运的拐点"。即便这样的念头从他们脑海中闪现过，很快就会被一堆理由驳斥回去。

他们从来不会考虑做大概率，他们考虑得最多的问题，就是用最小的成本去换取所谓最好的未来。如果这个世界果真如他们所愿，才是对那些奋斗者们最大的不公平。

我接触过不少咨询者，他们在决定做职业规划的那一刻面临的压力是很多人无法想象的。他们的家人或朋友会说："规划这个玩意儿有什么用啊？还花这个钱！不如请我吃顿饭，我帮你开解开解。"但事实上呢？他们能提供的，无非是他们的经验和认知，这些真的具有参考意义吗？

你不妨观察一下说规划无用的这个人。如果他依然还在生活的"水深火热"中挣扎，你怎么就敢把事关自己前途和未来的参考权，放在这个人身上呢？你又如何确保这个人给你说的一切，是符合自己的，更是具备专业性和实操性的呢？

有人总是问我，规划真的有用吗？我的回答是："规划不一定有用，但是没有规划一定无法改变命运。"

很多人都觉得，那些成功的人失去了童年的快乐是一件得不偿失的事情。但他们不明白的是，除去个别极端案例，所有的勤奋也好努力也罢，在成功的人看来只是一种选择。

这就像你考什么样的学校，选取什么样的专业，甚至选择什么样的工作、什么样的爱人一样，人生拉长了看，无非就是一个接着一个的选择，包括你在逆境中是选择麻痹放纵，还是选择痛定思痛寻求改变。

改变是你主动追寻的结果，它从来不会不请自来。

你知道人一旦做错了选择，要付出多大的代价吗？

如今，互联网的渗入给我们的生活与工作带来了更多的冲击，并且会愈演愈烈。在这种背景下，太多的人是迷茫而困顿的，很多人踩过的坑大体如下：

1. 自我认知不足，很容易被他人左右

一个人的定见绝非无中生有。我们在前面章节强调过一个很关键的模型，即：唯有形成定见，才能行为有效，进而决策有效。

纵观你身边的大多数人，他们的一生又是怎样度过的呢？

王尔德说，没有人可以富有到可以赎回自己的过去。

所以，站在职业规划师的角度，我特别要叮嘱你："人生的起跑线至关重要，你选择的第一份工作和领域，多大程度上能成就你，也就多大程度上能毁灭你，重要的不是它多有钱多热门，而是与你是否匹配。"

请记住，你不是你父母的附属品，更不是你家人的意志衍生品，如果可以，请一定好好规划好自己的目标，选好适合自己的赛道，找到契合的那群人，而不要一无所知跌跌撞撞浪费了大好的年华。

2. "死磕短板"是无效的努力

我特别欣赏一句话，那就是："人生的职业发展如同品牌塑造一样，只不过你的产品是你自己。"你接下来的每一个决定，不论是有意识还是无意识的，都会日积月累，塑造出你明天的样子。如果你的现状不如己意，一定是你过去的决定出了问题。如果时至今日，你依然理不出自己到底栽到了哪里，很容易在自己的短板上死磕而不自知。如果你今天的所作所为和自己的特质相差千里，我建议你还是趁早放手。

3. 赖着不走是对自己极大的不负责任

一个适合你的职业，起码符合三个特点：首先，它能够发扬你的长处，或者发展你的潜在优势；其次，它能够让你规避短板，或者不太需要用你的短板；最后，它一定是符合你内在价值观的，能够到达你想要去的地方。

如果一个职业对你而言无法扬长避短，甚至在"取长补短"，你的人生注定充满挫折，你拼尽全力做的一件事情，就是"削足适履"，其结果是从肉体到内心的折磨和撕扯，重者会引发严重的心理疾病。

永远不要觉得现在的工作虽然钱少看不到前途，但清闲舒适不需要动脑，所以就赖着不走了。我想说，你今天赖着不走，慢慢地就变成不能走了，到最后就是不愿意走，直至危机到来的时候，你哭天抢地，叫天天不应，曾经说出"我除了收费，什么也不会"的收费站人员的故事很可能就是你的明天。

因为你未来的一切，都在今天的选择里埋下了伏笔。

4. 一味逃避，最终逃无可逃

有些人为了不去面对就业市场的压力，选择了读研甚至读博。对他们而言，象牙塔是他们用来躲避残酷现实的角落。但是你要知道的是，你越不去面对残酷的竞争，你的竞争力只会越弱。

有些人就陷入了这样的"死局"里：自己本来也不热爱这个学科和专业，并没有钻研的动力，那么今天你投入的时间、经历乃至金钱成本，并不能为你换来等值的岗位，甚至随着年龄的增长，你的身价反而在不断缩水。

有人说，人的一生就是一个接着一个的选择。而很多人却忽略了，其实做出选择乃至决策本身更是一项至关重要的能力。

所以，如果你真想在关键时刻做出理性的选择及决策，一定不能光停留在表面，一定要结合前面章节的内容，以及我们接下来要分享的决策步骤与方法，去学会系统理性地分析困境，找到切实的解决路径。

第一节　在试用期摆脱双盲困境

1. 释义

所谓"双盲"，通常发生在职场新人期，即：当事人对自我认知不清（包括职业诉求、当前的能力情况、未来的发展重心等），对外部环境认知也有限（包括岗位职责、工作内容、领导风格、能力要求等），也就是说，对内（自我）对外（环境）都是"两眼一抹黑"。这类人拿到一份录用书稀里糊涂就做了，对未来没有任何规划。这无疑给自己的职业生涯埋下了一颗隐形的"炸弹"。

因此，我们常常强调，对于职场新人来说，试用期是考量自我和公司是否匹配的双向选择时期，即便在试用期内，你发现工作不适合自己提出离开，不论对个人还是公司来说，损失都是最小的。

2. 方法

在新人阶段，我们该如何进行试用期的决策呢？

通常，在试用期阶段，如果当事人能够对自我有个清晰的认知，那么他对公司给他安排的职位是否适合自己，以及试用期之内能否换其他部门，甚至于试用期之前要不要离开，才会有较为清楚的判断。

这个时候，我们需要借助"自我画像"客观认知自我，比如你的求职动机、动机水平、职业兴趣、特质分析、限制性因素，等等。想要完成这些分析，需要结合前面章节的内容完成，尤其在特质及动机水平部分，必要的时候最好参考专业人士的意见。

需要说明的是，自我画像中的这些要素都是动态的，每一种要素都在变。因此，建议每隔一段时间重新做下这份自我画像，选择更有利于认识自我的现状，并结合现实情况进行相应的调整和改变。

3. 案例

咨询者夏夏是一名刚工作没几个月的大学毕业生。和很多职场新人一样，夏夏对于自己的职业方向一直以来都不是很清楚，而家人又力劝夏夏考公务员。夏夏内心不想考但又不知道做什么，故而前来寻求帮助，希望可以找到适合自己的职业方向。

结合夏夏的化工专业背景，在她提前做了信息搜集的前提下，我们探讨了以下几类常见的职业道路。

（1）在专业或行业内发展（技术类职业方向）

在这个方向上，具体还可以细分为三条路线，分别是学术路线、技术路线及业务路线。

学术路线：适合于那些真正热爱专业的人，具体表现为对这个专业抱有很强的求知欲及探索欲，能主动翻阅专业书籍并乐于思考。如果你能够一个人沉下心来阅读枯燥繁杂的中外文献，同时爱钻研探讨问题，受得了冷清与寂寞，则可以一路读到博士。读完博士之后的职业发展道路相对就比较窄了，你也可以理解为经过了炼狱般的读博修炼，能留下来的都是真爱。这些人最常见的职业归宿是高校、研究所或大型企业，这些职业归宿相对来说比较稳定、社会认可度高，同时也非常有利于未来深度的职业发展路线，例如做科研，等等。

技术路线： 有部分人对本专业既不热爱但也谈不上反感，只是不喜欢钻研过于理论化的知识，也不喜欢花时间精力做大量实验反复摸索，那倒不妨在熟悉的专业领域从应用型方向入手，选择相对比较喜欢的领域。比如，心理学在应用领域主要涉及咨询治疗方向及人力资源管理，包括人事心理学、劳动心理学、消费心理学、广告心理学、工程心理学、环境心理学、运动训练心理学，等等。因此，一个心理学专业的毕业生如果对本专业不是那么热爱但有意愿在这个领域发展，他完全可以考虑去公司做人力资源，去广告公司做文案策划、推广运营等相关职位。当然，这条路线更要求日积月累的经验，在专业背景基础上，更需要提升技术能力，例如心理学专业的毕业生如果从事广告行业，他应该要比其他专业的毕业生更懂得如何写出触动人心的文案来。多年之后，这个领域的成绩不像第一条路线是以科研成果衡量，而是以项目成果考量，比如你做过哪些成功的项目，等等。

业务路线： 有部分人性格外向，爱交流，对学术及技术领域都不感兴趣，那么选择和本专业相关的产品销售工作，倒也不失为一条不错的路。就拿夏夏所学的化工专业举例，化工原材料是很多制造业的基础，也是很多消费品的重要来源，因此化工产品的市场相当大，很多产品和我们的生活息息相关。做销售不仅需要和他人打交道，还要熟练运用 PPT、Excel 等软件做分析报告，更不能回避产品的专业知识。如果销售做得好，可以往营销策划方面转，也可以从事管理或培训等工作，或者利用积累的人脉及渠道自己创业。

（2）非技术类职业方向

这个则更多地取决于个人兴趣及能力了，这里仅结合夏夏的化工专业列举三个方向。

专利代理人/知识产权律师： 专利代理对专业要求较高，需要有一定的专业背景和知识产权知识才能胜任。这个岗位人的主要业务就是帮助客户成功申请专利直至得到授权，或者应付诉讼。它对写作能力有较强的要求，因为需要写报告，对技术及实验倒没有什么要求，难点在于资格证通过率低（15% 左右）。没证之前你只能当助理，有了证之后就可以去专利事务所了。有了一定经验后，如果再有个律师资格证，就可以从事知识产权的诉讼代理工作了。

检验工程师、认证工程师： 由于化工产品种类繁多，市场很大，因此化工类的检验检测领域对工程师的需求量很大（主要指专业检验检测企业）。这部分需要根据你所在的具体行业及产品需要掌握的不同检验标准和质量管理体系而定，当然，这也是个日积月累的领域，看重实际经验和资历。

网络编辑或行业信息员：这个主要针对网络媒体岗位，集中在网站、论坛及微信公众号等。大的平台如网易、凤凰网等都有各自的科技频道，需要有工科背景的网络编辑或记者，对文字能力和信息搜集能力要求较高。有些行业网站，例如中国化工网等，也需要专业背景的信息员和编辑。还有一些化工类的公众号，同样也需要有专业背景的人运营。最好还要具备互联网思维，等等。

在有了外部信息的基础上，我们接下来要做的，就是协助夏夏完成"自我画像"，如此才能为寻找适合的方向提供判断基础及参考。

经过系统排查，夏夏的自我画像如下：

求职诉求：薪资收入 5000 元左右，希望能有一技之长，不至于年纪大了被淘汰。

动机水平：具有一定的成就动机，亲和动机一般。

职业兴趣：以传统型与企业型兴趣为主。

特质分析：外倾、感觉、思维、判断（ESTJ）。

限制性因素：家中独女，不想离父母太远，最好在当地发展。

有了"自我画像"的这些信息做参照，夏夏很快排除了几条路线。在剩下的几条路线中，再经过系统梳理，夏夏确定了自己的职业大方向：打造通用能力，争取往管理岗位发展。

根据自己的意愿及特质倾向，夏夏最终决定从生产计划、采购等岗位入手，去熟悉业务流程，为未来做积累和储备。她希望能在自己 35 岁前后的时候，成为一名优秀的生产管理者。

第二节　转正后制订适合自己的发展计划

1. 工具

对于很多职场人而言，如果一份工作符合你的职业诉求（价值观），且又较为匹配你的特质或能力，在我看来，最首要的任务就是要对应聘岗位进行分析，并找到和当前岗位的差距，付诸有效的行动，尽快成长起来。

在这个层面，除了可以运用"人职匹配图"之外，需要特别注意的是，很多岗位的工作内容大致可以分为两大部分：日常性工作内容和创新性工作内容。

很多新人在刚开始的几年没有获得理想的成长，从我经手的咨询案例来看，多半是对所做岗位的工作内容没有分析，更谈不上找差距付诸行动了。

那么，我们该如何对岗位内容进行分析呢？

在我们从事工作之前，务必需要花时间将工作内容整理一下。通常来说，绝大多数的工作内容都是可以按照日常性工作和创新性工作两大类别进行整理，再去根据现状寻找差距，制订具体的行动方案。

2. 案例

菲菲的职场故事可能是千千万万职场人的缩影。菲菲毕业于一所三本院校的会计专业，毕业后来到一家公司做费用会计，如今已是第三个年头。根据菲菲的陈述，一开始她还感到挺新鲜的，但做着做着就觉得工作枯燥极了，每天都是重复的事情。另外这几年她的工资一直没有明显提升，菲菲慢慢萌生了想离职的念头。等她投简历面试的时候才发现，自己工作经历十分简单，即便有单位愿意聘用她，工资和现在也差不多。另外菲菲所在的公司老板人挺不错，同事也都好相处，她也不甘心就这样放弃可能的发展机会，但对于如何提升自己，如何找到工作的乐趣，真是一点头绪都没有。

菲菲的案例之所以典型，是因为她的职场困惑是很多人共同的困惑，那就是：面对简单重复的工作，还有没有提升的空间？我们到底要如何提升自己的价值？

想要厘清这个问题，我们需要借助前面的岗位分析图进行整理和分析，才能深入挖掘工作价值，找到下一步行动方案。

通过梳理，我发现菲菲的职业诉求、职业兴趣、能力维度乃至特质部分，都很符合会计这份职业，这个时候，就需要从工作内容部分进行排查，才能找到问题真正的根源。

日常性工作是岗位职责明确要求的工作内容，例如财务工作岗位职责里的账务处理、申报纳税等工作，这是衡量职场人岗位适应性的重要标志。创新性工作则不在岗位职责明确要求里，它反映的恰恰是职场人的可塑性，而这项工作才是人才选拔的基本要求。

到底什么是创新性工作呢？我们仅以财务工作为例，将创新性工作做了如下细分。

（1）从无到有

例如，一名财务人员到了一家公司，发现这家公司从来不做预算也没有财务分析。这名财务人员能把这些工作推动起来，实现"从无到有"，恰恰能彰显这名财务人员的价值。

因此你不难理解，在很多管理基础薄弱的公司，不乏这些勇于创新的人才，他们能把很多工作从无到有地进行推进，帮助公司逐步建立管理体制。如果你是老板，你是否会认为这类人的价值远比那些只会听命做事的人更高呢？

（2）发现薄弱环节进行改进

多数情况下，一项工作如果能够顺利推进，都要以种种基础为支撑。

例如，前文中的财务人员在推进预算工作时发现，公司内控制度极不完善，存在大量的浪费现象。这名财务人员将这些现象进行整理并找出原因所在，制订出补充条款进一步规范内控工作，大大改善了之前的浪费现象。你给公司带来了价值，反过来你的身价就得以体现出来了。

（3）制订新的制度流程

在很多工作推进过程中，有很多问题是之前没有考虑到的。

如果有人对这些问题进行梳理，总结出内在规律，并提炼出系统可行的解决方法，这绝对是一个实践上的新高度。而同时，如果这个人又具有缜密的逻辑思维和良好的文字表达能力，能将这些撰写成新的制度，那么他无疑具备很强的不可替代性。

（4）工作经验的总结输出

我们以费用会计岗位为例。

在很多人看来，审核费用是最基础的工作，但是真正用心把工作做到位的人少之又少。

例如，审核费用中都需要注意什么？哪些环节最容易出问题？如何鉴别发票的真伪？如果你能对这些问题进行总结提炼，做成不错的培训课程，你既可以培训新员工，又可以告诉老业务员如何正确报销费用，你在公司的声望及地位自然就会提升。

（5）协助业务部门改进工作

任何一个岗位如果不融入业务工作，它所提供的价值将会大打折扣。

譬如一名合格的财务人员应该通过对数据的整理分析，发现业务环节中的问题，并协助业务部门一起解决。这才是最容易获得认可的举动。职场讲究的是协作分工。如果一名财务人员只是停留在闷头做账阶段，一副与世隔绝般的自得其乐，他的职业道路自然会越走越窄。

综上所述，一个人想要在职场中获得不可替代的位置，不仅要做好日常性工作，更要多在创新性工作上下功夫。

我让菲菲带着创新性工作的思路重新审视目前的工作，并在一年之内给我提交反馈。

咨询结束后大约一年零一个月的时候，菲菲给了我一份鼓舞人心的反馈：她后来按照这种思路瞬间发觉原来自己的工作有很多值得努力的地方，并觉得这三个月的成长比之前浑浑噩噩做了三年要大得多。按照创新性工作的特点，菲菲的改进如下。

从无到有。菲菲所在的公司对于费用并没有任何预算和计划，这部分内容菲菲也和老板讨论过，费用预算和计划初步拟定于今年年底正式执行。在此之前，菲菲将所有的费用进行了统计与分析，落实到每个部门，从中找出一些规律。

改进薄弱环节。在费用审核过程中，最薄弱的环节莫过于新支付环境下费用的报销。譬如微信、支付宝等支付方式的兴起，导致费用报销出现了新的情况，而公司显然没有做出新的规定，老的规定难免有些过时。菲菲在和老板汇报了这个情况后，打算草拟出一个新的报销规定。

制订新流程。除了前面提及的新规定外，菲菲发现有部分工作流程不够细致，推进工作时容易造成员工相互推诿。菲菲找到相关部门排查了一些情况，流程可能需要重新修改，作为后期的主攻方向。

总结输出。菲菲在审核单据的时候发现，常常出错的部门就是公司的业务部，他们很多人不知道该如何规范地填写报销单据。菲菲花了几天的时间将常错的地方整理成 PPT，并附上详细的错误分析及正确做法，给业务部门进行定期培训。

菲菲说，她鼓起勇气向领导申请这项工作，没想到得到领导的大力支持。在一个周五的下午，菲菲就站在了公司会议室的讲台上，详细地给在座的业务员讲解了正确报销的相关知识。同事们都反映学到了不少东西，这让菲菲感到很开心。人事部也找菲菲聊了聊，希望能将这项培训纳入公司新员工培训框架内，由菲菲担任费用部分的内训师。

协助业务部门。采购部的小王有次报销时缺少发票，据说是对方单位嫌金额少不予开发票。菲菲得知后主动和对方财务部沟通，并要回了发票，同时告诉小王今后该如何应对这些问题。小王很感动，他说之前印象中的财务人员总是板着脸的样子，没想到菲菲如此和颜悦色，也非常好沟通，并且愿意帮助他们解决问题。

经过上述五个方面的改进，菲菲不仅找到了工作的乐趣，并且还树立了新的工作目标，与此同时，她的进步和表现得到了公司上下一致的认可。

"晓璃老师，你说得对。我之前觉得工作无趣，是因为自己总是在被动应付事务性工作，从来没有从这五个方面审视工作的意义和价值。如今实践之后才发现，我的岗位原来如此重要，也可以切实给公司创造价值。如今的我自信多了，工作也更有干劲了。"菲菲说。

行文至此，我也想对此刻正在阅读这本书的你说："如果你在上一份工作中感觉混不下去了，请记住，不论你转到哪个地方依然是失败，因为唯有成功才是成功之母。"

第三节　异动期部署落地的转型方案

从我经手的多数职业转型案例来看，很多人在异动期决策上困难重重。

经过初步统计，很多人常犯的错误有：对自我认知不足，做出了后悔不迭的决策；自身能力不足，即便获得了好机会，但依然没能好好把握；盲目跟风，并没有结合自身情况评估，等等。

有句话说得好，所谓人生，就是一个接一个的选择。那么，我们在职业异动期，到底该如何做出理性的决策呢?

1. 工具

参考职业决策分析表（见表 5-1）。

表 5-1

一、职业诉求（价值观）	
1. 你最看重的职业价值（三个以内）	
2. 目前职业能够满足你的价值	
3. 职业诉求匹配情况自我评估	
4. 专业人士的评估及修正	
二、职业兴趣	
1. 你的职业兴趣	
2. 目前职业能否满足你的兴趣	
3. 职业兴趣匹配情况自我评估	
4. 专业人士的评估及修正	
三、能力情况	
1. 你目前的能力情况	
2. 当前岗位需要的能力水平	
3. 能力匹配情况及自我评估	
4. 专业人士的评估及修正	
四、个性特质	
1. 你目前的个性特质	
2. 当前岗位需要的个性特质	
3. 个性特质匹配情况及自我评估	
4. 专业人士的评估及修正	
五、行业前景分析（近 1~3 年）	
六、其他（根据情况自行补充）	
七、综合评估结果：要不要转行?	

从表 5-1 不难得知，在我们进行要不要转行的决策时，首先需要结合内外两大要素进行考量：内部要素包括价值观、兴趣、能力、特质等；外部要素包括行业前景、企业文化、人际关系等。评估了内外部因素之后，再做出要不要转行的决策。

如果分析后，觉得需要转行，再对转行可行性进行评估，参考职业决策分析表 2，见表 5-2：

表 5-2

一、职业诉求（价值观）	
1. 你最看重的职业价值（三个以内）	
2. 意向职业能够满足你的价值	
3. 职业诉求匹配情况自我评估	
4. 专业人士的评估及修正	
二、职业兴趣	
1. 你的职业兴趣	
2. 意向职业能否满足你的兴趣	
3. 职业兴趣匹配情况自我评估	
4. 专业人士的评估及修正	
三、能力情况	
1. 你目前的能力情况	
2. 意向岗位需要的能力水平	
3. 能力匹配情况及自我评估	
4. 专业人士的评估及修正	
四、个性特质	
1. 你目前的个性特质	
2. 意向岗位需要的个性特质	
3. 个性特质匹配情况及自我评估	
4. 专业人士的评估及修正	
五、行业前景分析（近 1～3 年）	
六、目前匹配的能力及资源情况	
七、可行性分析：是否具备转行可能性？	
八、需要进行哪些筹划及准备？	

从表 5-2 不难看出，如果想要让转行具备可行性，必要的信息搜集是不可少的。

事实上，站在系统理性的决策角度来看，我们通常不建议职场人不做任何准备就轻易"裸辞"，这显然不是一个务实的做法，同时，这种"裸辞"的折损不是所有人都能承受住的。

为了详细阐述决策表的具体用法，我们以体制内转型的咨询案例为基础进行说明，目的是让大家学会这种决策的分析思路和方法，并结合自身情况做出理性的判断。

2. 案例

咨询者张红曾经在一家事业单位的人事科做普通科员，和很多事业单位的人感受一样，她觉得这份工作够稳定，但也够平淡，关键升职和涨薪都没有太大的指望。张红觉得是时候出来闯荡一把了。于是张红在自己 28 岁那一年，一纸辞呈结束了自己的体制内职业生涯。

然而现实远比想象要残酷得多。

张红原本以为，自己怎么也算是有人事工作相关经验的，找个人力资源方面的工作总可以吧。然而现实却是，张红处在 28 岁这个年纪，没有成家更没有孩子，对一些企业来说有些"不稳定因素"。而从她要求的待遇和实际能力来看，又有点"不上不下"的感觉。按照张红这些年的人事工作经验，放在企业环境中只能从事比较基础的工作，但是这些基础工作岗位偏好年轻的从业者。张红之前在事业单位虽说收入不高，但福利待遇还可以，加上公积金、节日奖金等林林总总算在一起，按照这个标准在企业里很难寻觅到合适的岗位，而满足张红理想待遇的岗位要求太高，通常都要求有过中高级管理岗位经验等。于是在现实的碰撞下，张红遭遇到了"高不成低不就"的尴尬处境。

如果时光能够回到过去，在张红做出决策之前，能够按照决策分析表里的内容重新梳理一遍，恐怕就不会有今天的后悔了。

曾经的咨询者Susan也是体制内的一名职员。和张红不同的是，当时Susan是在我的协助下，运用了这套决策分析表，没有做出冲动的决定。Susan的情况通过职业决策分析表1分析如下，见表5-3：

表 5-3

一、职业诉求（价值观）	
1. 你最看重的职业价值（三个以内）	稳定、舒适、福利待遇
2. 目前职业能够满足你的价值	稳定、舒适和福利，待遇不满意
3. 职业诉求匹配情况自我评估	匹配度75%
4. 专业人士的评估及修正	80%（存在限制性因素）
二、职业兴趣	
1. 你的职业兴趣	社会型，喜欢打交道
2. 目前职业能否满足你的兴趣	不太擅长和人打交道
3. 职业兴趣匹配情况自我评估	匹配度50%
4. 专业人士的评估及修正	匹配度60%（具有挖掘空间）
三、能力情况	
1. 你目前的能力情况	专业能力欠缺，表达沟通能力不错
2. 当前岗位需要的能力水平	数据分析能力、逻辑思维能力
3. 能力匹配情况及自我评估	匹配度50%
4. 专业人士的评估及修正	匹配度70%（如果加强学习，数据分析能力能够提升）

（续）

四、个性特质	
1. 你目前的个性特质	内向、感觉、情感、知觉（ISFP）
2. 当前岗位需要的个性特质	内向、感觉、思维、判断（ISTJ）
3. 个性特质匹配情况及自我评估	匹配度50%
4. 专业人士的评估及修正	匹配度75%（P特质的呈现与工作无力感有关，有上升空间）
五、行业前景分析（近1~3年）	属于垄断行业，未来还会持续稳定发展
六、其他（根据情况自行补充）	已婚未育
七、综合评估结果：要不要转行？	不要，重点是提高数据分析能力，获得成就感

而且在咨询过程中，我发现 Susan 的思维还是发展得不错的，说话也很有条理，只不过数据方面由于缺乏专业学习，因此这部分工作的胜任出了问题。

因此，对于职场人来说，在转行的重大决策面前，务必要先评估下自己是否真的要转行。而如果评估得出了要转行的结论，是否就一定能够转行成功呢？这就涉及转行的可行性评估了。

我们再来看个案例。为方便说明，我们姑且把案例的主人公称为"小王"好了。通过职业决策分析表1，假设小王的转行分析情况如下，见表5-4：

表 5-4

一、职业诉求（价值观）	
1. 你最看重的职业价值（三个以内）	经济报酬、智力刺激、新鲜感
2. 目前职业能够满足你的价值	经济报酬部分（体现在隐性待遇上，例如公积金等）
3. 职业诉求匹配情况自我评估	匹配度低，约 30%
4. 专业人士的评估及修正	不足 25%（考虑自我期待等因素）
二、职业兴趣	
1. 你的职业兴趣	写作创作类
2. 目前职业能否满足你的兴趣	事务型工作，无法满足
3. 职业兴趣匹配情况自我评估	30%（就是写报告用到些）
4. 专业人士的评估及修正	不足 20%（报告和创作是两个概念）
三、能力情况	
1. 你目前的能力情况	执行力较强，具有一定的报告写作能力，情绪管理能力弱
2. 当前岗位需要的能力水平	较强的情绪管理能力，较好的人际沟通能力
3. 能力匹配情况及自我评估	比较匹配，70%
4. 专业人士的评估及修正	70% 差不多
四、个性特质	
1. 你目前的个性特质	内向、感觉、情感、知觉（ISFP）
2. 当前岗位需要的个性特质	外向、感觉、思维、判断（ESTJ）
3. 个性特质匹配情况及自我评估	50%
4. 专业人士的评估及修正	大约 75%（判断或者知觉特质，是可以进行适当调适的）
五、行业前景分析（近 1~3 年）	文化行业，面临转型
六、其他（根据情况自行补充）	有亲戚在南方城市
七、综合评估结果：要不要转行？	转行意愿较强

事实上，假设小王是上面的情况，也未必能如她所愿般转行成功。

咨询者小云就和小王的情况类似。

之前小云从师范院校的中文系毕业当教师，和小王情况类似，她选择了离职南下，到一座新的职业城市，打算从事自己热爱的职业方向，靠写作谋生。由于她的中文系专业背景和多年的教师经验，加上当时正好处于新媒体兴起时期，小云很快找到了一份工作，在一家新媒体公司做写手及编辑工作。结果现实和小云的想象差距甚远。

原来，网络写作和传统媒体写作截然不同，小云所在的新媒体公司的内容运营目标很明确，就是用文章吸引新用户，做大阅读量。在这个目标的指引下，要求写手出文章必须"快、准、狠"。

所谓"快"，指的是当一个热点出现，职业写手必须在最短的时间内写出相关文章，以获取较高的关注量；所谓"准"，指的是职业写手切入的角度及文章的观点一定要准确把握住用户的需求点和痛点，让客户具有转发意愿，这样文章阅读量才能上来；所谓"狠"，指的是职业写手的文章功底必须过硬，写出来的文章要具有看点，标题及内容方面都要做到足够吸引人，等等。

结果，一个月不到的时间，小云就不堪压力和重负，感觉身心疲惫，辞去了这份工作。

问题到底出在哪里呢？这就涉及转行可行性分析部分。我们姑且以小云为例，通过职业决策分析表 2，对她的转行可行性进行如下分析，见表 5-5。

表　5-5

一、职业诉求（价值观）	
1. 你最看重的职业价值（三个以内）	经济报酬、智力刺激、新鲜感
2. 意向职业能够满足你的价值	智力刺激、新鲜感，经济报酬不确定
3. 职业诉求匹配情况自我评估	70%
4. 专业人士的评估及修正	60%（没有真正做过，有乐观估计的倾向）
二、职业兴趣	
1. 你的职业兴趣	创作写作类
2. 意向职业能否满足你的兴趣	能满足
3. 职业兴趣匹配情况自我评估	100%
4. 专业人士的评估及修正	70%~80%（新媒体写作和文学创作不同）
三、能力情况	
1. 你目前的能力情况	没有经过系统的学习和练习
2. 意向岗位需要的能力水平	娴熟的网文写作能力，具备一定的网感
3. 能力匹配情况及自我评估	30%
4. 专业人士的评估及修正	30%（需要进行系统学习和提升）
四、个性特质	
1. 你目前的个性特质	内向、感觉、情感、知觉（ISFP）
2. 意向岗位需要的个性特质	外向、感觉、情感或思维、判断（ESFJ/ ESTJ）
3. 个性特质匹配情况及自我评估	基本符合，60%
4. 专业人士的评估及修正	不确定，取决于当事人能否胜任工作
五、行业前景分析（近1~3年）	处于兴起阶段，看好
六、目前匹配的能力及资源情况	无
七、可行性分析：是否具备转行可能性？	有一定的可行性，但还需要进一步尝试和分析
八、需要进行哪些筹划及准备？	小范围尝试，例如先自己在写作平台上试写

不难看出，如果小云按照表5-5的思路系统整理，可能就不会贸然离职。她完全可以利用工作之余，在网络上进行写作，再多去了解网文写手真正的工作内容、工作强度和难度，然后做出进一步的分析和判断。

所以，小云错就错在对于转行后的前景及自己的能力过于乐观和自信，没有进行充足的了解和准备就仓促决策，没想到在现实中遇到了之前完全没有预料到的情况，彻底打击到了自信心，导致对新媒体写作领域丧失了原有的兴趣和热情，遭遇了更大的职业迷茫和困惑。

那么，一个能够落地且成功的职业转型是怎样的呢？

咨询者李岚几年前来咨询，源于上班途中遭遇的一起事故。

那天下着大雨，李岚穿着雨衣骑着电动车下班，不料雨天路滑，电动车在路边打了滑，连人带车翻了过去。幸好附近没有其他车辆，李岚受了点皮肉伤，在家休养了一周。

在这一周的时间里，公司没有人问候过李岚的伤势，领导问李岚最多的一句话是："你什么时候能来上班？"李岚深切体会到，在这种冷峻的工作环境中，尽管可以赚取一定的收入，但很难体会到人与人之间的爱和温暖。

"这不是我想要的状态，"李岚咨询的时候不禁感慨道，"之前我一直认为自己头脑冷静理性，但遇到那场事故才发现，自己原来是脆弱的，也是渴望有人关心的。我希望能有这么一个氛围，那就是大家彼此相互关心，充满了人与人之间的温暖。"

针对李岚的情况，我们通过职业决策分析表1，梳理出分析表（见表 5-6），看看李岚要不要辞职。

表 5-6

一、职业诉求（价值观）	
1. 你最看重的职业价值（三个以内）	人际关系、舒适（相对自由和弹性）
2. 目前职业能够满足你的价值	基本生活保障
3. 职业诉求匹配情况自我评估	匹配度低，大约 30%
4. 专业人士的评估及修正	20%（事实上，解决基本生活保障有很多选择）
二、职业兴趣	
1. 你的职业兴趣	社交型（S）
2. 目前职业能否满足你的兴趣	偏事务型，无法满足
3. 职业兴趣匹配情况自我评估	较低，30% 左右
4. 专业人士的评估及修正	无
三、能力情况	
1. 你目前的能力情况	事务处理能力、执行能力等基本能力
2. 当前岗位需要的能力水平	时间管理、多任务、情绪管理能力要求较高
3. 能力匹配情况及自我评估	勉强能做，60%
4. 专业人士的评估及修正	亲和动机强，成就动机弱，50%
四、个性特质	
1. 你目前的个性特质	内向、感觉、情感、知觉（ISFP）
2. 当前岗位需要的个性特质	外向、感觉、思维、判断（ESTJ）
3. 个性特质匹配情况及自我评估	匹配度较低，25%
4. 专业人士的评估及修正	内向和知觉可能是压力状态下的呈现，待评估
五、行业前景分析（近 1~3 年）	属于传统行业的衰退期
六、其他（根据情况自行补充）	当事人考量决策注重自己的内在价值和感受
七、综合评估结果：要不要转行？	要转行，但需要进一步探索，不可冒进

经过分析，李岚按照我的建议，先利用业余时间发展其他爱好。

由于李岚从小身体不好，于是就报了个瑜伽班开始练习瑜伽。就在练习的过程中，李岚发现了自己的天赋。

李岚在练习瑜伽的过程中，发现自己能够很快上手，没过几个月，她就是同一批学员里练得非常优秀的了。而瑜伽的理念她也很喜欢，她感受到的是前所未有的放松和舒适，并且还能给自己和他人带来健康，这让她觉得很有价值和意义。

那么，瑜伽领域是否适合李岚转型去做呢？通过职业决策分析表 2，我们再进行职业决策分析（见表 5-7）。

经过第二次咨询梳理，李岚对于未来的职业方向更加明确了。如今的李岚不仅是一名成熟的瑜伽教练，而且还打算和朋友合伙开设瑜伽馆。

通过李岚成功转型的案例，不知你是否能体会到决策分析的重要性呢？

另外，关于体制内还是体制外的选择问题，也是很多来访者比较关心的部分。

正好这几个转型案例都是体制内的。对于体制内外的选择，我的看法如下。

体制是一个很笼统的概念，没有人说进了体制就没有发展，只是它有它的运行规则。

至于是进体制还是选择市场，要看个人追求的是什么。市场固然有机会，但同时也存在一定的风险；体制内固然有它的安全，但同时也有它的约束。

表　5-7

一、职业诉求（价值观）	
1. 你最看重的职业价值（三个以内）	人际关系、舒适（相对自由和弹性）
2. 意向职业能够满足你的价值	人际关系、舒适（相对自由和弹性）
3. 职业诉求匹配情况自我评估	匹配（80% 以上）
4. 专业人士的评估及修正	无
二、职业兴趣	
1. 你的职业兴趣	社交型（S）
2. 意向职业能否满足你的兴趣	能很好满足助人的需求，且能够按照自己认可的方式帮助他人
3. 职业兴趣匹配情况自我评估	匹配，80% 以上
4. 专业人士的评估及修正	无
三、能力情况	
1. 你目前的能力情况	通过练习，发现肢体协调能力等各方面还不错
2. 意向岗位需要的能力水平	不仅需要自己练好，还需要教授他人
3. 能力匹配情况及自我评估	60%，需要进一步提升（尤其是授课能力）
4. 专业人士的评估及修正	后期可以通过代课提升实践教学能力
四、个性特质	
1. 你目前的个性特质	内向、感觉、情感、知觉（ISFP）
2. 意向岗位需要的个性特质	内向 / 外向、感觉、情感、知觉（ESFP 或 ISFP）
3. 个性特质匹配情况及自我评估	比较匹配，80%
4. 专业人士的评估及修正	SP 特质的人比较依赖经验，还是要从积累实践经验入手
五、行业前景分析（近 1~3 年）	健康产业，未来前景看好
六、目前匹配的能力及资源情况	已经是优秀的瑜伽学员，还需要进行进一步学习和提升
七、可行性分析：是否具备转行可能性？	具有一定的可行性
八、需要进行哪些筹划及准备？	参加教培班，联系瑜伽馆兼职代课，稳定了再辞职

至于出了体制转型市场的人后面是否能够有顺利的发展，还是取决于个人能力和机遇，但总体来说，如果你有想往市场发展的念头，建议按照市场规则早做打算。

所谓市场规则，举个例子来说，如果我当时没有转型成功，继续选择在企业里做财务负责人，也会有生存之地，也就是说，在企业里，最好尽快找准一个定位，有一个专业方向去扎根积累，不能只停留在"小兵"层次，要努力成长为专业人士甚至专家。这样，我们才更有话语权，才能获得更好的发展。

最后，鉴于每个人的情况不尽相同，上述分析表的项目仅供参考。每个人可以根据实际情况，对分析的项目酌情进行增减，目的是能够根据自己的情况，系统进行分析，从而做出理性客观的决策，并部署下一步行动计划，提前进行规划与准备。

3. 总结

通过上述分析，我们发现，职业转型是一项重大的决策，我们应该系统客观地进行分析。通常说来，我们不建议冒进，而是根据自己的差距，制订适合的方案，再转型落地并且获得成功。因为转型不是我们的目的，转型成功才是我们的目的。

因此在这个维度上，我们需要思考两大问题：要不要转型？如果转型，是否具有可行性？

在这两大问题中，内在分析从价值观、能力、特质、兴趣等入手，外在分析从行业前景等入手（参考表 5-1 和表 5-2），唯有内外两大因素综合考虑，才能做出适合自己当下的决策。

后　记

这些年来，我和我的咨询团队经手了大量的咨询案例，并且我们发现了一个真相，那就是：职业生存和发展相辅相成，无法割裂。

如果你不曾审慎对待你的职业选择，只是迫于生存压力随便选一份工作，那么极大的可能会是，这份工作无法给到你想要的成长，无论对你的资历还是积累，并没有实质性的作用和帮助，你和这份工作将会形成"相互损耗、彼此折磨"的关系。这不论对于用人单位还是对于你个人，都是两败俱伤。

我们见证过太多草率决定了第一份工作的来访者，他们后面的弯路越来越曲折。

如果用一段话总结，那就是：发展顺利的职场人，他的生涯会受到过去职业经历的滋养；而经历坎坷的职场人，有的穷尽一生都只在做一件事情，那就是拼命地试图纠正曾经犯下的错误！

很多时候，你毫无意识做出的一个草率的决定，可能会让你背负终身的压力和代价。

排除一些专业性特别强的领域（例如研究类），通常说来，市场经济下，同样的领域，如果别人用到三五年就能成功，而你花了十年时间都没有做成，你就需要反思下，是你选择的领域错了（战略失误），还是自己的方法出了问题（战术错误）。

说句掏心窝的话，如果你真的想要得到什么，最好的方法就是直奔主题付诸努力，不要轻信"所有的弯路到头来都会是直路"。

没错，这世上不乏一些把弯路走直的人，更不乏把一手烂牌打出彩的人。但你要知道，这样的事情本身就是"小概率事件"，他们的成功或许真的特别鼓舞人，但是，这种"幸存者偏差"事件绝对不能作为通用的方法参考。

正如不少咨询者在咨询结束后感慨的那样，职业规划真的是一门体系和学科。

如果你问我："这个世界上有没有完美的规划或决策？"答案是："没有"。

然而，从我们经手的职业咨询案例来看，如果我们能够在决策之前花费较大的力气去综合考量去分析，做出的决定会更容易让你能够在未来坚持下去。

这本书是以我及我们咨询团队经手的案例为基础，里面的方法和工具是我们在咨询中的经验总结，可能会存在不完善的地方，也希望各位多多包涵，更希望能够帮助到在职场中迷茫困惑的你。

之前有人曾问我："我一直对规划有一个疑问，就像订计划一样的，往往我们会在开始做一件事情的时候去制订一个计划，而实施的时候，有的压根就不会按照计划走，有的人就算按照计划走了也会有计划赶不上变化的情况。因此很多的计划就这样成为形同虚设的存在。不知道在做生涯规划的时候，是不是也一样会有这种情况？"

我认同这位成员的想法，因为确实是计划不如变化快。但是，这不完全是职业生涯规划的意义。

美国国家生涯发展协会（NCDA）给出的定义是：个人通过从事的工作所创造出的一个有目的的、延续一段时间的生活模式；它是生活里各种事态的连续演进方向，统合了人一生中依序发展的各种职业和生活的角色，由个人对工作的投入而流露出独特的自我发展模式。

而生涯大师舒伯更是一针见血地指出："生涯是以人为中心的，只有在个人需求它的时候，它才存在。"

我理解的生涯规划就是指导我们如何做选择。也就是说，结合我们自身情况以及眼前的资源和条件，在了解自我的基础上，找到适合自己的职业方向，然后制订职业目标、规划行动、制订方案等，以避免就业的盲目性，降低从业失败的可能性。也就是说，生涯规划并不完全是计划。

而随着社会的发展，现在80后、90后，乃至未来的00后们，更看重寻求自我，已经不单纯把工作看作是工作，同时期待通过工作能够实现自我。

很多人都在思考："到底什么工作适合我？我如何才能实现自己的人生理想？"

人们越来越清醒地认识到，想要有个好的职业发展，就要好好规划自己的职业生涯。

我们常说"因果"，生涯规划似乎也是如此，帮助我们把事情向有利的方面转化，防止和排除其不利因素，可以起到未雨绸缪的作用。

人生不是儿戏，回想人生就短短几十年。趁着年轻确实是可以试错，但是并不是所有的错误都有机会改正的。当然逆袭也不是没有，只不过需要付出相当大的代价。逆袭更是极少数人的成功。

希望看完此书后的你可以重新思考：未来你的人生要怎么走？当你老的时候，会不会因为碌碌无为而悔恨，因为虚度年华而感到羞耻呢？

赵晓璃

2020 年 3 月 25 日

参考文献

[1] 蒂戈尔，巴伦－蒂戈尔. 就业宝典——根据性格选择职业 [M]. 北京：中信出版社，2002.

[2] 迈尔斯 I B，迈尔斯 P B. 天生不同——人格类型识别和潜能开发 [M]. 北京：人民邮电出版社，2016.

[3] 哈苏克苏. 发现你的职业性格——MBTI 助你改善工作方式和人际关系 [M]. 北京：电子工业出版社，2018.

[4] 金树人. 生涯咨询与辅导 [M]. 北京：高等教育出版社，2007.

[5] 古典. 你的生命有什么可能 [M]. 长沙：湖南文艺出版社，2017.